10 DE DEZEMBRO DE 1948
A Declaração Universal dos Direitos Humanos

SÉRIE

RUPTURAS

10 DE DEZEMBRO DE 1948
A Declaração Universal dos Direitos Humanos

Regina Célia Pedroso

Coordenadora da série
Maria Luiza Tucci Carneiro

© Companhia Editora Nacional, 2005
© Lazuli Editora, 2005

Presidente	Jorge A. M. Yunes
Diretor superintendente	Jorge Yunes
Diretora editorial	Beatriz Yunes Guarita
Gerente editorial	Antonio Nicolau Youssef
Coordenador editorial	Fernando Santos
Editora	Sandra Almeida
Assistente editorial	Giovana Umbuzeiro Valent
Coordenadora da preparação e revisão	Marília Rodela Oliveira
Preparadores e revisores	Edson Yukio Nakashima
	Fernando Mauro S. Pires
	Irene Hikichi
	Nelson José de Camargo
	Renata Lara de Moraes
Editora de arte	Sabrina Lotfi Hollo
Assistentes de arte	Claudia Albuquerque
	Erica de Oliveira Mendonça Rodrigues
	Priscila Zenari
	Tiago Oliveira
Produtora gráfica	Lisete Rotenberg Levinbook

LAZULI editora

Diretor editorial	Miguel de Almeida
Editora	Ana Paula Cardoso
Diretor de arte	Werner Schulz
Diagramação	Antonio Barbosa

Dados Internacionais de Catalogação na Publicação (CIP)
(Câmara Brasileira do Livro, SP, Brasil)

Pedroso, Regina Célia
  10 de dezembro de 1948: a Declaração Universal dos Direitos Humanos / Regina Célia Pedroso. – São Paulo: Companhia Editora Nacional, 2005. – (Série Lazuli rupturas/ coordenadora Maria Luiza Tucci Carneiro)

Bibliografia.
ISBN 85-04-00949-1

1. Declaração Universal dos Direitos Humanos 2. Direitos humanos 3. Liberdade I. Carneiro, Maria Luiza Tucci II. Título. III. Série.

05-6821   CDD-323.409

Índices para catálogo sistemático:
1. Direitos humanos: Ciências políticas: História 323.409

2005
Todos os direitos reservados

Av. Alexandre Mackenzie, 619 – Jaguaré
São Paulo – SP – 05322-000 – Brasil
Tel.: (11) 6099-7799
www.ibep-nacional.com.br
editoras@ibep-nacional.com.br

A **SÉRIE LAZULI RUPTURAS** vem incentivar o debate sobre fatos históricos que alteraram os rumos da Humanidade ou de um povo, em particular. Fatos que se tornaram referência, uma espécie de baliza de um novo tempo. Fatos que, constantemente, são lembrados e (re)memorados por terem causado uma reviravolta no cotidiano desta ou daquela sociedade, alterando a ordem universal. Esta questão, necessariamente, nos instiga a repensar a memória histórica e a indagar: qual é a versão do fato que chega até nós?

Por experiência do passado, sabemos que as tradições podem ser "inventadas", como já ressaltou Eric Hobsbawm. Muitas vezes – pelo distanciamento do fato – recebemos versões distorcidas que, repetidas ao longo do tempo, tornam-se "verdades absolutas". É quando o dito pelo não-dito se impõe, relegando a um segundo plano os testemunhos oculares. Enfim, nossa história é uma história de muitos silêncios, imagens construídas e versões consolidadas. E, nem sempre, a versão ou a imagem-símbolo que "ficaram" são aquelas que expressam a verdadeira dimensão do fato acontecido.

São questões como essas que nos interessam discutir nesta coletânea de títulos direcionados para tempos distintos: o de curta duração, onde tudo oscila a partir de um fato, e o de longa duração, modelado pela persistência das representações coletivas. Optamos por temas que causaram alguma perplexidade por expressarem um cisma para o qual não faltam explicações, muitas vezes contraditórias. Daí o nosso foco sobre as revoluções, invenções, golpes políticos, genocídios e guerras. Este leque se abre para múltiplos campos do conhecimento: história, literatura, artes, arquitetura, fotografia, política, economia, música, esporte, legislação, ciência, culinária, entre tantos outros. Alguns mais provocativos, outros mais sedutores. Enfim, estaremos atentos à dinâmica da História, priorizando os sintomas de inércia das sensibilidades, os desvios e as continuidades, os encantos e desencantos, os momentos de luzes e os tempos sombrios.

Este desafio deve ser compreendido como um despertar para o mundo do conhecimento, voltado para a percepção das conexões e implicações estabelecidas por essas rupturas ao longo da História.

Maria Luiza Tucci Carneiro
Coordenadora da Série

SUMÁRIO

INTRODUÇÃO	1
A DATA E O FATO	5
A GÊNESE DOS DIREITOS FUNDAMENTAIS DO HOMEM	
AS TRAGÉDIAS HUMANITÁRIAS DO SÉCULO XX	
REGISTROS E RELATOS	21
A FÉ NOS DIREITOS FUNDAMENTAIS DO HOMEM	
SISTEMA INTERNACIONAL DOS DIREITOS HUMANOS:	
PACTOS E CONVENÇÕES	
OS PACTOS	42
– PACTO INTERNACIONAL SOBRE DIREITOS ECONÔMICOS, SOCIAIS E CULTURAIS	
– PACTO INTERNACIONAL SOBRE DIREITOS CIVIS E POLÍTICOS	
AS CONVENÇÕES	48
– CONVENÇÃO INTERNACIONAL SOBRE A ELIMINAÇÃO DE TODAS AS FORMAS DE DISCRIMINAÇÃO RACIAL	
– CONVENÇÃO SOBRE OS DIREITOS POLÍTICOS DA MULHER	
– CONVENÇÃO SOBRE A ELIMINAÇÃO DE TODAS AS FORMAS DE DISCRIMINAÇÃO CONTRA A MULHER	
– CONVENÇÃO CONTRA A TORTURA E OUTRAS PENAS OU TRATAMENTOS CRUÉIS, DESUMANOS OU DEGRADANTES	
– CONVENÇÃO SOBRE OS DIREITOS DA CRIANÇA	
IMAGENS-SÍMBOLO	63
CONSIDERAÇÕES FINAIS	68
BIBLIOGRAFIA	71
GLOSSÁRIO	74

INTRODUÇÃO

Imagens de terror e morticínio impregnaram o imaginário do homem ao longo do século XX. Foi um século de confrontos armados que dividiram o mundo na Primeira Guerra Mundial (1914-1918) e na Segunda Guerra Mundial (1939-1945). Os homens foram testemunhas de genocídios: no primeiro conflito mundial os Armênios foram perseguidos pelo governo turco, o que resultou na morte de 1.500.000 armênios; no segundo conflito mundial os alemães perseguiram várias etnias e culturas, dentre elas o povo judeu, vitimado em 6.000.000 de pessoas.

Entretanto, imagens de alívio e respeito à dignidade humana vieram substituir as de morte registradas nas quatro primeiras décadas do século XX. A conclamação à justiça e a participação da maior parte dos países vieram ao encontro da opinião pública internacional de que as atrocidades praticadas tanto pelos turcos como pelos alemães não poderiam mais se repetir, sendo necessária a adoção de regras comuns a serem respeitadas pelos Estados-nação.

A ordem internacional recriada após a Segunda Guerra Mundial teve como referência as atrocidades cometidas pelos nazistas que, após 1945, foram julgadas como crimes contra a Humanidade. Assim, os países aliados tiveram a preocupação fundamental de construir instrumentos reguladores de abrangência internacional que pudessem impedir o surgimento de outra guerra de dimensão mundial e também de coibir o sofrimento de populações em decorrência desses conflitos.

A Declaração Universal dos Direitos Humanos foi adotada pela Assembléia Geral das Nações Unidas, em 10 de dezembro de 1948, com o ideal comum de atingir a todos os povos e nações, a fim de que os indivíduos e os órgãos das sociedades não medissem esforços no sentido de educar e desenvolver o respeito a esses direitos e liberdades, visando à promoção de uma ordem mundial pacífica. Quarenta e oito Estados votaram a favor da Declaração, nenhum votou contra e houve oito abstenções. Em um pronunciamento que seguiu à votação, o presidente da Assembléia Geral ressaltou que a adoção da Declaração era "uma realização notável", um passo em frente no grande processo evolutivo. Foi a primeira vez que a comunidade internacional organizada produziu uma declaração de direitos humanos e liberdades fundamentais. O documento teve o respaldo da autoridade do conjunto das opiniões das Nações Unidas e milhões de pessoas – homens, mulheres e crianças de todo o mundo – viriam a recorrer a ele em busca de ajuda, orientação e inspiração.

A Declaração é formada por um preâmbulo seguido de 30 artigos que enumeram os direitos humanos e as liberdades fundamentais, de que são titulares todos os homens e mulheres sem qualquer discriminação. Assim concebida como um ideal comum a ser atingido por todos os povos e nações, a Declaração Universal dos Direitos Humanos tornou-se precisamente um padrão por meio do qual se mede o grau de respeito e cumprimento das normas internacionais de direitos humanos.

É sob essa perspectiva, de que os direitos humanos são fundamentais e fazem parte da dignidade humana, que pretendemos analisar a sua origem na história e identificar os discursos que antecederam ao texto da Declaração de 1948. Vamos buscar a gênese dos direitos fundamentais, pensados em vários momentos da história, para poder visualizar a importância desse documento para o homem contemporâneo. Além da busca por compreender o porquê dessa iniciativa, vamos também analisar a seqüência dos pactos internacionais e das convenções que completam o Sistema Internacional de Proteção dos Direitos Humanos. Propomos, assim, a divisão deste livro em três partes distintas que têm como parâmetro a data e o fato, os relatos e a construção de uma imagem-símbolo:

1. A DATA E O FATO: nesta primeira parte nos propomos a analisar os antecedentes da *Declaração Universal* de 1948, mais especificamente, a *Declaração de Direitos da Virgínia*, de 1776; a *Constituição dos Estados Unidos da América*, de 1787;

a *Declaração dos Direitos Humanos e do Cidadão*, durante a Revolução Francesa de 1798; a *Declaração dos Direitos da Mulher e da Cidadã*, de 1791; a Convenção de Genebra, de 1864; e o Ato Geral da Conferência de Bruxelas, de 1890; entre outros.

2. **REGISTROS E RELATOS:** nesta segunda parte, faremos uma análise dos artigos que compõem a Declaração, bem como reproduziremos o texto desse documento histórico em sua íntegra, narrando os embates para sua aprovação e os países que para isso mais se empenharam. Serão expostos também os pactos e as convenções subseqüentes associadas à Declaração, bem como suas aplicações concretas. Aqui discutiremos se realmente há o respeito à dignidade da pessoa humana e qual a postura dos países para a efetivação dos direitos expostos.

3. **IMAGENS-SÍMBOLO:** aqui apresentaremos as imagens mais importantes veiculadas pela mídia nacional e internacional acerca dos direitos humanos por ocasião da criação da Organização das Nações Unidas e da promulgação da Declaração Universal dos Direitos Humanos; bem como imagens impactantes que expõem a violação desses direitos.

A DATA E O FATO

A gênese dos direitos fundamentais do homem

Não há como datar precisamente o surgimento do conceito de "direitos humanos" na história da humanidade. Podemos, isso sim, buscar alguns dados na história com o objetivo de reconstituirmos uma possível trajetória do surgimento desses direitos. Os direitos humanos são direitos inerentes à pessoa humana e se referem à sua autodeterminação. Todos os direitos passam a ser humanos, pois consagram o que há de mais importante para os homens: o seu pertencimento a uma comunidade. Mas não estamos tratando somente da idéia geral de que todos os direitos são humanos; entendemos "direitos humanos" também na sua conotação moderna, como direitos que consagram a vitória do cidadão sobre o poder. Ao conferir a soberania ao cidadão, e não às estruturas políticas que conduzem os governos, é que se afirmam os direitos naturais e *imprescritíveis* como inerentes ao homem, independente da sociedade na qual ele vive. Além disso, para determinar a origem desse conceito moderno, devemos nos remeter ao momento histórico em que foi propícia a discussão e a afirmação inicial do pensamento de que os direitos são inalienáveis ao homem e que ninguém pode alterá-los, pois fazem parte da própria essência do homem.

Podemos identificar a origem da discussão sobre os direitos humanos durante as guerras e convulsões sociais que abalaram a Europa e os Estados Unidos no século XVIII. O ideal de mudança política, liberdade e participação permeou o imaginário do homem naquele período histórico e seduziu a população a reivindicar transformações nas estruturas políticas. O ódio popular contra o poder monárquico na França e o processo de independência dos Estados Unidos da América foram os dois grandes movimentos de "massa" que impulsionaram as mudanças que iriam ocorrer. Também não podemos nos esquecer de que a Revolução Industrial ocorrida na Inglaterra (1780-1860) alterou radicalmente o modelo econômico e, ao consolidar o modelo de produção capitalista, inseriu o homem em novas relações de trabalho que, por extensão, favoreceram o modelo social da livre concorrência.

Como resultado desses embates, produziu-se nas colônias americanas – lembrando aqui que os Estados Unidos da América só se tornou independente oficialmente da Inglaterra em 1777 – o documento *Bill of Rights*, de 1776, resultante da união daquelas colônias que se rebelaram contra o domínio inglês. Na *Declaração dos Direitos da Virgínia*, o artigo 1º destacava como essenciais a igualdade e a liberdade do homem desde o seu nascimento, além de afirmar a independência do homem para almejar propriedades, segurança e buscar a sua felicidade. O *Bill of Rights*, ou *Carta de Direitos*, constitui-se num resumo dos direitos fundamentais e privilégios garantidos ao povo contra as possíveis violações que o Estado pudesse praticar, os quais, posteriormente, foram incorporados à Constituição norte-americana, ratificada em 15 de dezembro de 1791.

O conteúdo dessa declaração vai ao encontro de outro grande escrito daquele período: a *Declaração dos Direitos Humanos e do Cidadão*, de 1789, que inaugura a Revolução Francesa. Aqui o individualismo foi exaltado e protegido diante do poder estatal, sem distinções, favorecendo o igualitarismo que estabelece que a "humanidade dos direitos humanos se torna universal na medida em que qualquer indivíduo possui atributos de homem" (SOARES, 2004, p,18). Este documento foi seguido da *Declaração dos Direitos da Mulher e da Cidadã* (1791) e da *Declaração dos Direitos* (Constituição Francesa de 1793). Essa tríade de enunciados em defesa do cidadão reivindicava os direitos naturais inerentes ao ser humano, tais como liberdade, propriedade, segurança, entre outros, em detrimento do poder estatal. Segundo o pensamento da época, a constituição desses direitos representou a consagração de um conjunto de teorias que têm no jusnaturalismo e no contratualismo (os homens possuem direitos naturais anteriores à formação da sociedade) a determinação dos direitos que o Estado deve respeitar e fazer cumprir. Importante ressaltar que essas duas escolas – o *contratualismo* e o *jusnaturalismo* – nasceram do ideal de indivíduo exaltado na modernidade que, por sua vez, influenciou na formação de correntes do pensamento construtoras da concepção de direito moderno[1].

O pensamento político responsável pela afirmação dos direitos franceses e norte-americanos tem no Iluminismo o foco das atenções. O Iluminismo foi uma escola filosófica que invocou a razão e a análise da realidade social com o intuito de desestabilizar as instituições conservadoras, dentre elas a monarquia e a Igreja. Essa filosofia, posteriormente transposta para os movimentos sociais inerentes ao século XVIII, propiciou uma consciência crítica e o estabelecimento de conceitos fundamentais para a afirmação dos direitos individuais, conceitos esses desenvolvidos por inúmeros pensadores "iluministas". Dentre eles cabe citar Jean-Jacques Rousseau (1712-1778) que, em sua obra *Contrato Social*, pretende estabelecer os meios para coibir a usurpação do governo. Rousseau parte do princípio de que o homem é originariamente bom e que a sociedade o corrompe vagarosamente, transformando-o.

A França absolutista apresenta-se como exemplo emblemático dessa sociedade corruptível cercada por nobres corruptos e padres usurpadores. A única forma de modificar a situação política daquele momento seria por uma mudança radical, proveniente de um pacto social entre as partes, a partir do qual deveria instituir-se uma sociedade com base nos direitos do cidadão e no respeito a ele. A soberania deveria estar nas mãos do povo, e não na do governo. Rousseau tornou-se

---

1. No contratualismo destacamos as teorias defendidas por Hobbes, Spinoza, Pufendorf, Locke, Rousseau e Kant; e no jusnaturalismo, as teorias de Grócio, Locke, Rousseau e Kant. Uma outra escola importante para a concepção de direito moderno é a filosofia cognitiva liderada por Descartes e Kant.

assim o grande teórico dos direitos constituídos por criar uma "cartilha revolucionária" que propunha a igualdade, a liberdade e a justiça como finalidades para o homem em sociedade.

Nesse ambiente de mudanças é que foi redigida a *Declaração dos Direitos Humanos e do Cidadão*, que afirma a igualdade desde o nascimento, a liberdade como um princípio inerente (tanto a liberdade de expressão como a liberdade de opção religiosa), o livre-arbítrio e o direito à propriedade, entre outros. Destacamos a seguir um artigo dessa declaração, para percebermos sua conotação libertária:

> A liberdade consiste em poder fazer tudo quanto não incomode o próximo; assim o exercício dos direitos naturais de cada homem não tem limites senão nos que asseguram o gozo destes direitos. Estes limites não podem ser determinados senão pela lei. (Art. IV, *Declaração dos Direitos Humanos e do Cidadão*, 1789)

A mulher, também contemplada com direitos que anteriormente lhe foram relegados, é igualada ao homem:

> "A mulher nasce e vive igual ao homem em direitos. As distinções sociais não podem ser fundadas a não ser no bem comum." (Art. I, *Declaração dos Direitos da Mulher e da Cidadã*, 1791)

E, finalizando a tríade de direitos franceses, temos a aprovação pela Convenção Nacional francesa da *Declaração de*

1789, agora acrescida de artigos que protegem o povo contra qualquer forma de opressão:

> O Povo Francês, convencido de que o esquecimento e o desprezo dos direitos naturais do homem são as únicas causas das infelicidades do mundo, resolveu expor numa declaração solene estes direitos sagrados e inalienáveis, a fim de que todos os cidadãos, podendo comparar sem cessar os atos do Governo com o fim de toda instituição social, não se deixem jamais oprimir e aviltar pela tirania; para que o Povo tenha sempre diante dos olhos as bases da sua liberdade e de sua felicidade, o Magistrado, a regra dos seus deveres, o Legislador, o objeto da sua missão. (Preâmbulo, *Declaração dos Direitos Humanos e do Cidadão*, 1793)

Após sua aprovação, diversas constituições foram elaboradas a partir dos princípios da Carta Francesa, erguendo-se desde então todo um arcabouço jurídico em prol dos direitos individuais. Estabelecia-se a igualdade, a liberdade, a propriedade, a segurança, a inviolabilidade de domicílio, o livre pensamento e a circulação de idéias, o livre acesso aos cargos públicos e a proibição de aplicação de penas cruéis ou infamantes aos condenados. Podemos considerar que a vitória dos direitos foi um marco importante para o surgimento de um novo modelo de sociedade, que terá na democracia a sua grande finalidade.

Um ponto importante a ser destacado com relação aos

direitos individuais afirmados em pleno século XVIII está ligado diretamente com as novas práticas de aplicação de penas. Seguindo também uma reviravolta no Direito Penal, Cesare Beccaria (1738-1794) redigiu a obra denominada *Dos delitos e das penas*, na qual lançou-se à defesa intransigente da humanização da pena, que passou a compor toda a estrutura do Direito Penal em todo o mundo. Manifestando-se contra a tortura, os castigos físicos, os maus-tratos, as atrocidades e os suplícios impostos aos réus – herança do direito medieval – o autor afirmou o direito humano na aplicação da pena, propondo sua humanização.

Esses direitos – inaugurados em pleno século XVIII – podem ser subdivididos em *civis, políticos* e *sociais*. Os *direitos civis* dizem respeito ao comportamento do indivíduo, tal como a liberdade pessoal, a liberdade econômica ou mesmo a liberdade de organização, desde que seu comportamento não viole o direito de outro indivíduo. Já os *direitos políticos*, como o direito de votar e de associar-se a um partido, estão ligados à formação do Estado democrático e implicam na participação ativa do cidadão. E, por fim, os *direitos sociais*, como o direito ao trabalho, ao estudo, à saúde, implicam um comportamento ativo por parte do Estado ao proporcionar ao indivíduo a certeza das ações estatais (BOBBIO et al., 1992, p. 354).

Ainda derivada das mudanças iniciadas com a Revolução Francesa, em 1848, como resultado da revolta popular daquele ano, é aprovada para a França uma nova Constituição, que proclama avanços políticos importantes, como a instituição da democracia, a abolição da pena de morte e a proibição da escravidão em território francês. Cabe citar o artigo 13 da *Constituição Francesa* de 1848:

> A Constituição garante aos cidadãos a liberdade de trabalho e de indústria. A sociedade favorece e encoraja o desenvolvimento do trabalho, pelo ensino primário gratuito profissional, a igualdade nas relações entre o patrão e o operário, as instituições de previdência e de crédito, as instituições agrícolas, as associações voluntárias e o estabelecimento, pelo Estado, os Departamentos e os Municípios, de obras públicas capazes de empregar os braços desocupados; ela fornece assistência às crianças abandonadas, aos doentes, sem recurso e que não podem ser socorridos por suas famílias. (*Constituição Francesa* de 1848)

Seguindo a abertura instituída pelas primeiras cartas de afirmação dos direitos, foi assinada em 1864 o que se convencionou chamar, a partir de então, *Direito Humanitário* – a Convenção de Genebra, assinada pelos países europeus, tinha como objetivo melhorar a sorte dos militares nos exércitos em campanha. Esta convenção inaugurou uma série de normas que culminaram com a *convenção de Haia*, de 1907, e com a *Convenção de Genebra* (sobre os prisioneiros de Guerra). Em 1925, outra convenção foi assinada em Genebra proibindo a utilização durante a guerra de gases asfixiantes ou tóxicos, bem como de armas bacteriológicas. As convenções sobre soldados feridos e prisioneiros de guerra foram revistas e consolidadas em três convenções celebradas em Genebra, em 1949. Neste mesmo ano foi assinada a quarta convenção, tendo por objetivo a proteção da população civil em caso de conflitos bélicos.

As tragédias humanitárias do século XX

Em abril de 1915, ocorreu uma das maiores tragédias que marcaram a história do século XX: a operação programada de extermínio do povo armênio, conduzida pelo governo dos Jovens Turcos. Iniciou-se com a prisão de líderes políticos e intelectuais seguida pela deportação da população, parte dela obrigada a marchar pelo deserto da Mesopotâmia, onde literalmente foram assassinados milhares de armênios. O ímpeto da destruição dos armênios – única nação cristã no Médio Oriente – foi proposição do Império Otomano, pois os turcos (etnia majoritária) decidiram que o objetivo prioritário daquele momento era a anexação do território armênio.

Em 1915, soldados turcos iam de casa em casa convencendo a população a evacuar suas residências, argumentando que a guerra aproximava-se. Prometeu-se a indivíduos desse povo que eles retornariam depois ao seu território. Ou, então, os soldados retiravam à força a população:

> As mil casas armênias da cidade estão sendo despojadas de toda a mobília pela polícia, e uma multidão de mulheres e crianças turcas segue a polícia como um bando de abutres e apodera-se de quanto podem lançar mão. Depois que os objetos de valor são levados das casas pela po-

lícia, invadem-na e acarretam com o resto. Suponho que serão necessárias algumas semanas para despejar todas as casas e depois será a vez de serem despejadas as lojas e armazéns armênios" (Apud BRYCE; TOYNBEE, p. 36).

O assassinato foi conseqüência da política centralizadora daquele momento. Segue-se, após a expulsão dos armênios de seus lares, um tratamento degradante, sendo as mulheres expostas a múltiplas situações vexatórias:

> Mulheres com criancinhas ao peito ou nos últimos dias de gravidez eram obrigadas a caminhar à força de chicotada, como gado. Sei de três casos diferentes em que a mulher deu à luz durante a marcha e veio a falecer de hemorragia, por causa de seu brutal condutor tê-la obrigado a apressar o passo. Algumas mulheres ficavam tão cansadas e incapazes de qualquer ação que deixavam cair as crianças à beira da estrada (Apud BRYCE; TOYNBEE, p. 42).

O objetivo de edificar um Estado nacionalista instigou os turcos a olhar com desconfiança e ódio as minorias que, até então, ali conviviam num mesmo espaço respeitando suas diferenças. Assim, em decorrência desse anseio, foram assassinados em torno de 1.500.000 armênios. Tal genocídio do povo armênio deve ser avaliado como um grave atentado contra parte da população do Império Otomano. A facilidade de execução em massa, a impunidade dos responsáveis e o esquecimento desse fato até hoje não reconhecido como "crime contra a Humanidade" merecem nossa atenção. Os turcos continuam a não reconhecer sua responsabilidade no genocídio, alegando que os números são exagerados e que se tratou de uma luta inserida no contexto da Primeira Guerra Mundial, com vítimas em ambos os lados.

A partir de 1933, o Estado alemão sob a liderança de Adolf Hitler (1889-1945), líder político dos nacional-socialistas, arquitetou o extermínio do povo judeu, tratado como representante de uma "raça inferior". Neste caso, a tragédia assumiu dimensões indescritíveis, sendo planejada por um Estado totalitário que não mediu esforços para promover, de forma sistemática, a eliminação tanto de judeus, como de ciganos, negros e dissidentes políticos (CARNEIRO, 2000). Baseado no nacionalismo, na violência, na xenofobia e no racismo exacerbado, o Estado nazista anulou, segundo Tucci Carneiro, "os direitos individuais, transformando o cidadão em mero contorno do corpo social. Elementos de oposição foram vistos como desintegradores da ordem instituída e, assim sendo, deveriam ser eliminados. Não havia lugar para dissenso, pois a identidade nacional estava acima de qualquer diferença" (CARNEIRO, 2004, pp. 102-103). O ódio racial transformou-se em bandeira de luta dos nacional-socialistas que, entre 1933-1945, dominaram o poder político na Alemanha. O nazismo rejeitou tanto as tradições judaico-cristãs como as do Iluminismo, e procurou fundar uma nova ordem mundial baseada no nacionalismo racial. Para Hitler, idealizador e condutor da política nazista alemã, a raça era a chave para o entendimento da história mundial. Acreditava que a civilização estava num momento crítico. Para ele, o liberalismo agonizava e o marxismo, aquela "invenção judaica", como ele o chamava, herdaria o futuro, a menos que lhe fosse contraposta uma visão de mundo ainda mais poderosa.

Assim como os bárbaros germânicos haviam dominado o Império Romano em desintegração, a Alemanha – "despertada por Hitler" e racialmente unida – criaria um vasto império e daria o golpe mortal na, então, "decadente civilização liberal". Conquistar a Rússia acabaria com o comunismo e reduziria à servidão os eslavos subumanos. Por esse motivo, a Polônia foi invadida em 1939, como primeira investida, iniciando-se os conflitos da Segunda Guerra Mundial (1939-1945).

Ao construir a imagem idealizada de um inimigo interno na Alemanha – no caso, os judeus aliados ao comunistas –, Hitler acreditava estar defendendo a Alemanha. Na sua visão, o ariano era o criador e o portador da civilização. Como descendentes dos arianos, os alemães representavam a criatividade, a coragem e a lealdade, enquanto os judeus representavam tudo de negativo na cultura e na raça humana.

O anti-semitismo de Hitler servia a um propósito funcional. Concentrando todo o mal num inimigo, o judeu "conspirador e demoníaco", Hitler dava às massas uma explicação simples, coerente e emocionalmente satisfatória, para desaguarem toda sua ira sobre o culpado por toda a sua miséria. Além de definir o judeu como a antítese do homem ariano, os alemães endossavam também a crença no complô judaico internacional. Segundo a historiadora Tucci Carneiro, a utilização do mito ariano e do mito do complô induziu grande parte da população alemã a manifestar virulenta aversão aos judeus e a aprovar a perseguição, internação em guetos, campos de concentração e extermínio de todos aqueles que eram rotulados como de "raça inferior" ou "indesejáveis" à "raça alemã". Ao aceitar a imagem de que o judeu era uma espécie de verme, um micróbio, um conspirador satânico, a população perdeu o senso de equilíbrio e objetividade. Seduzidos pela propaganda oficial, os alemães estavam sensibilizados a acreditar e a obedecer, a brutalizar e a tolerar a crueldade sem limites (CARNEIRO, 2004, 107).

O terror foi outro meio de assegurar a aceitação e a obediência. O instrumento do terror foi a SS, organizada em 1925 para proteger Hitler e outros líderes do Partido Nacional-Socialista dos Trabalhadores Alemães (*Nationalsozialistische Deutsche Arbeiter Partei* – NSDAP) e policiar as suas reuniões. Sob a liderança de Heinrich Himmler, que acreditava fanaticamente nas teorias raciais de seu chefe, a SS transformou-se numa força de elite, de homens disciplinados, dedicados e de uma crueldade total. Himmler via os SS, que eram selecionados especialmente pela sua pureza racial e capacidade física, como uma nova raça de cavaleiros e super-homens que lideraria a nova Alemanha.

Os SS tomaram conta dos campos de concentração criados para os presos políticos. Pelo terror e pela tortura sistemáticos, procuraram privar os internos de sua dignidade humana e os endurecerem assim para as lutas futuras. O conhecimento da existência desses campos, e do fato de que alguns de seus prisioneiros haviam desaparecido, era um argumento forte para que os alemães fossem obedientes (PERRY, 1985, P. 713).

Os nazistas endossaram as medidas anti-semitas propostas pela cúpula política do Terceiro Reich, destinadas a transformar os judeus-alemães em excluídos dentro de seu país. Milhares de médicos, advogados, músicos, artistas e professores judeus foram impedidos de praticar sua profissão, e funcionários públicos foram demitidos de seus cargos. Inúmeras foram as leis e atos públicos que tornaram ainda maiores as humilhações e as perseguições. Casamentos ou relação sexual entre alemães e judeus foram proibidos. As Leis de Nuremberg, promulgadas em 1935, oficializaram a primeira etapa do "plano da solução final para a questão judaica". O acesso a universidades, escolas, restaurantes, farmácias, hospitais, teatros, museus e campos de atletismo foi gradualmente vetado aos judeus, privados assim de sua cidadania.

Tomando como pretexto o assassinato de um diplomata alemão por um jovem judeu, os nazistas organizaram um amplo *pogrom* em novembro de 1938, ato que ficou conhecido como a Noite dos Cristais. Grupos de nazistas prenderam e assassinaram centenas de judeus e incendiaram e pilharam residências de judeus e sinagogas nas principais cidades alemãs e austríacas. O Reich impôs, então, uma multa de um bilhão de marcos à comunidade judaica. Essas medidas foram um prelúdio ao extermínio físico dos judeus europeus, que se tornou um objetivo fundamental dos nazistas a partir de 1941. (PERRY, 1985, p. 714). A tarefa de impor a "solução final ao problema judaico" coube às SS comandadas por Heinrich

Himmler, que cumpriu esse sombrio dever com fanatismo e eficiência burocrática. Esses grupos treinados para assassinatos em massa acompanhavam os exercícios alemães na Rússia. Nas cidades e aldeias ocupadas, os judeus – homens, mulheres e crianças – eram presos e enviados para os campos (de concentração, de trabalho, de trânsito e de extermínio), sendo dizimados pela doenças, pela fome, por metralhadoras e fuzis, pelos trabalhos forçados e, até mesmo, pelo gás. Com a colaboração de auxiliares ucranianos, lituanos e letões, os nazistas massacraram cerca de dois milhões de judeu-russos. Para apressar a "solução final", os campos de concentração, que originalmente se destinavam a presos políticos, foram transformados em centros de execução, e novos campos foram construídos com esse objetivo. Nos campos de concentração, os prisioneiros quando chegavam eram examinados pelos médicos da SS e separados conforme a aptidão física de cada um. Um dos campos de concentração, Auschwitz, situado em território polonês, foi responsável pelo extermínio de mais de 400.000 pessoas, assassinadas em câmaras de gás.

O Estado nazista transformou-se no símbolo de práticas totalitárias respondendo pelas prisões em larga escala, pela perseguição sistemática aos judeus, pela proliferação do terror e da morte nos campos de concentração. Hitler, cultuado como o "salvador da Alemanha e do povo alemão", teve o cuidado de manter uma aparência de legalidade. Não dissolvendo o Parlamento e não revogando a Constituição, podia afirmar que seu governo era legítimo. Consolidando seu poder em etapas, os nacional-socialistas induziram tanto os alemães como os povos dominados pelo exércitos nazistas a acreditar que a Alemanha era governada por estadistas autênticos.

A política nazista (1933-1945) conduziu a Alemanha à Segunda Guerra Mundial e, por conseqüência, à política de extermínio dos socialmente indesejáveis, dentre os quais estavam os judeus, os testemunhas de Jeová, os ciganos e os comunistas. Calcula-se que foram mortos nos campos de extermínio cerca de 12 milhões de pessoas, dentre elas 6 milhões de judeus, vitimados pela política racista e insana do nazismo.

Esses dois momentos da história – distintos por décadas de diferença e pela dimensão da tragédia –, acabam se assemelhando pela finalidade imposta por governos que tinham como objetivo o extermínio de dois povos: o armênio e o judeu. Resultantes de políticas autoritárias de base racista, os massacres sensibilizaram várias nações que, a partir de então, incorporaram os desígnios de defesa das minorias raciais. Foram responsáveis diretamente pela criação de uma consciência crítica mundial, que teve seu ápice após o final da Segunda Guerra Mundial, quando vieram a público as cenas dos sobreviventes e dos milhares de corpos enterrados nas valas comuns dos campos de extermínio nazistas. Esta tragédia, cuja dimensão é até hoje inacreditável, criou dispositivos internacionais para a proteção dos indivíduos; dispositivos que serão analisados a seguir. Compreendo que a criação da ONU – Organização das Nações Unidas –, em 1945, favoreceu a aprovação da *Declaração Universal dos Direitos Humanos*, em 10 de dezembro de 1948.

REGISTROS E RELATOS

A fé nos direitos fundamentais do homem

A necessidade de criação de um organismo internacional que congregasse todos os países do mundo tornou-se uma realidade no dia 26 de junho de 1945, com a assinatura da *Carta das Nações Unidas*. A ONU – Organização das Nações Unidas – foi criada com o objetivo de estabelecer a paz, prevenir guerras futuras, garantir os direitos humanos e promover o progresso social e econômico. A partir da criação da ONU, processou-se uma onda de transformações no Direito Internacional, simbolizando um novo modelo de relações entre os países.

A *Carta das Nações Unidas* reafirma em seu preâmbulo:

...a fé nos direitos fundamentais do homem, na dignidade e no valor do ser humano, na igualdade de direito dos homens e das mulheres, assim como das nações grandes e pequenas, e a estabelecer condições sob as quais a justiça e o respeito às obrigações decorrentes de tratados e de outras fontes do direito internacional possam ser mantidos, e a promover o progresso social e melhores condições de vida dentro de uma liberdade ampla (*Carta das Nações Unidas*, 1945).

A promoção, estímulo e respeito aos direitos humanos e às liberdades fundamentais, sem distinção de raça, sexo, língua ou religião, é um dos propósitos básicos da organização. Por meio da conscientização das populações ao redor do mundo, procurou assegurar que não aconteceriam mais massacres tão brutais como os ocorridos com judeus e armênios e que se tomariam providências quanto a qualquer poder ou país que transgredisse os preceitos da dignidade humana. A *Carta das Nações Unidas* enfatizou, assim, a defesa dos direitos humanos e das liberdades individuais, enumerando em seus vários artigos os direitos e as liberdades do homem. Dentre estes, cabe citar:

1) Art. 13: promover a cooperação internacional nos terrenos econômico, social, cultural, educacional e sanitário e favorecer o pleno gozo dos direitos humanos e das liberdades fundamentais, por parte de todos os povos, sem distinção de raça, sexo, língua ou religião.
2) Art. 55: com o fim de criar condições de estabilidade e bem-estar necessárias às relações pacíficas e amistosas entre as Nações, baseadas no respeito ao princípio da igualdade de direitos e da autodeterminação dos povos, as Nações Unidas favorecerão: (a) níveis mais altos de vida, trabalho efetivo e condições de progresso e

desenvolvimento econômico e social; (b) a solução dos problemas internacionais econômicos, sociais, sanitários e conexos; a cooperação internacional, de caráter cultural e educacional; e (c) o respeito universal e efetivo dos direitos humanos e das liberdades fundamentais para todos, sem distinção de raça, sexo, língua ou religião.

3) Art. 62, item 2 e 3: poderá, igualmente, fazer recomendações destinadas a promover o respeito e a observância dos direitos humanos e das liberdades fundamentais para todos; poderá preparar projetos de convenções a serem submetidos à Assembléia Geral, sobre assuntos de sua competência.

Agregando esse ensaio sobre os direitos fundamentais do cidadão, já expostos em 1945 na Carta da ONU, mais tarde, no dia 10 de dezembro de 1948, a Assembléia Geral das Nações Unidas proclamou a Declaração Universal dos Direitos Humanos, na qual pela primeira vez em nível internacional definiu um padrão comum para a afirmação dos direitos individuais.

Os direitos definidos na Declaração Universal costumam ser subdivididos em duas categorias: os direitos civis e políticos (artigos 3 ao 21) e direitos econômicos, sociais e culturais (artigo 22 ao 28). No entanto, outros enquadramentos são realizados, como o proposto por Jack Donnely (apud LINDGREN ALVES, 1994, p. 46), que expomos a seguir:

1) *Direitos Pessoais*, incluindo os direitos à vida, à nacionalidade, ao reconhecimento perante a lei, à proteção

contra tratamentos ou punições cruéis, degradantes ou desumanas, e à proteção contra a discriminação racial, étnica, sexual ou religiosa (artigos 2 ao 7 e 15).

2) *Direitos Judiciais*, incluindo o acesso a remédios por violações dos direitos básicos, a presunção de inocência, a garantia de processo público justo e imparcial, a irretroatividade das leis penais, a proteção contra prisão, detenção ou exílio arbitrários e contra a interferência na família, no lar e na reputação (artigos 8 a 12).

3) *Liberdades Civis*, especialmente as liberdades de pensamento, consciência e religião, de opinião e expressão, de movimento e residência, e de reunião e de associação pacífica (artigos 13 e de 18 a 20).

4) *Direitos de Subsistência*, particularmente os direitos à alimentação e a um padrão de vida adequado à saúde e ao bem-estar próprio e da família (Artigo 25).

5) *Direitos Econômicos*, incluindo principalmente os direitos ao trabalho, ao repouso, ao lazer e à segurança social (Artigos 22 a 26).

6) *Direitos Sociais e Culturais*, especialmente os direitos à instrução e à participação na vida cultural da comunidade (Artigos 26 e 28).

7) *Direitos Políticos*, principalmente os direitos a tomar parte no governo e em eleições legítimas com sufrágio universal e igual (Artigo 21).

Participaram efetivamente do trabalho da Comissão de Direitos Humanos e da redação do projeto da Declaração

Universal os seguintes países: Bielo-Rússia, Estados Unidos, Filipinas, União Soviética, França e Panamá. Para a aprovação do texto final, os cinqüenta países votaram a favor, nenhum contra e oito se abstiveram. Dentre esses últimos estavam Bielo-Rússia, Checoslováquia, União Soviética, Polônia, África do Sul e Arábia Saudita, pois, na votação, três ingredientes foram decisivos para a tomada de posição dos países: a oposição entre comunismo e capitalismo, entre países desenvolvidos e subdesenvolvidos e entre países ocidentais e orientais.

A repercussão da Declaração dos Direitos Humanos foi muito pálida em nosso país, em decorrência das condições políticas que vivíamos naquele momento. Em plena Guerra Fria, durante o governo do Presidente Gaspar Dutra, a política oficial caminhava para a delação dos comunistas brasileiros, já que o Partido Comunista havia sido cassado em 1947. Assim, mais que Direitos Humanos, tivemos direitos assegurados somente para um grupo político específico, que naquele momento seguia os desígnios da política governamental brasileira.

DECLARAÇÃO UNIVERSAL DOS
DIREITOS HUMANOS

Adotada e proclamada pela resolução 217 A (III) da Assembléia Geral das Nações Unidas, em 10 de dezembro de 1948.

Preâmbulo

Considerando que o reconhecimento da dignidade inerente a todos os membros da família humana e de seus direitos iguais e inalienáveis é o fundamento da liberdade, da justiça e da paz no mundo,

Considerando que o desprezo e o desrespeito pelos direitos humanos resultaram em atos bárbaros que ultrajaram a consciência da Humanidade e que o advento de um mundo em que os homens gozem de liberdade de palavra, de crença e da liberdade de viverem a salvo do temor e da necessidade foi proclamado como a mais alta aspiração do homem comum,

Considerando essencial que os direitos humanos sejam protegidos pelo Estado de Direito, para que o homem não seja compelido, como último recurso, à rebelião contra tirania e a opressão,

Considerando essencial promover o desenvolvimento de relações amistosas entre as nações,

Considerando que os povos das Nações Unidas reafirmaram, na Carta, sua fé nos direitos humanos fundamentais, na dignidade e no valor da pessoa humana e na igualdade de direitos dos homens e das mulheres, e que decidiram promover o progresso social e melhores condições de vida em uma liberdade mais ampla,

Considerando que os Estados-Membros se comprometeram a desenvolver, em cooperação com as Nações Unidas, o respeito universal aos direitos humanos e liberdades fundamentais e a observância desses direitos e liberdades,

Considerando que uma compreensão comum desses direitos e liberdades é da mais alta importância para o pleno cumprimento desse compromisso,

A Assembléia Geral
Proclama a presente Declaração Universal dos Diretos Humanos como o ideal comum a ser atingido por todos os povos e todas as nações, com o objetivo de que cada indivíduo e cada órgão da sociedade, tendo sempre em mente esta Declaração, se esforce, através do ensino e da educação, por promover o respeito a esses direitos e liberdades, e, pela adoção de medidas progressivas de caráter nacional e internacional, por assegurar o seu reconhecimento e a sua observância universais e efetivos, tanto entre os povos dos próprios Estados-Membros, quanto entre os povos dos territórios sob sua jurisdição.

Artigo I
Todas as pessoas nascem livres e iguais em dignidade e direitos. São dotadas de razão e consciência e devem agir em relação umas às outras com espírito de fraternidade.

Artigo II
1. Toda pessoa tem capacidade para gozar os direitos e as liberdades estabelecidos nesta Declaração, sem distinção de qualquer espécie, seja de raça, cor, sexo, língua, religião, opinião política ou de outra natureza, origem nacional ou social, riqueza, nascimento, ou qualquer outra condição.
2. Não será também feita nenhuma distinção fundada na condição política, jurídica ou internacional do país ou território a que pertença uma pessoa, quer se trate de um território independente, sob tutela, sem governo próprio, quer sujeito a qualquer outra limitação de soberania.

Artigo III
Toda pessoa tem direito à vida, à liberdade e à segurança pessoal.

Artigo IV
Ninguém será mantido em escravidão ou servidão, a escravidão e o tráfico de escravos serão proibidos em todas as suas formas.

Artigo V
Ninguém será submetido à tortura, nem a tratamento ou castigo cruel, desumano ou degradante.

Artigo VI
Toda pessoa tem o direito de ser, em todos os lugares, reconhecida como pessoa perante a lei.

Artigo VII
Todos são iguais perante a lei e têm direito, sem qualquer distinção, a igual proteção da lei. Todos têm direito a igual proteção contra qualquer discriminação que viole a presente Declaração e contra qualquer incitamento a tal discriminação.

Artigo VIII
Toda pessoa tem direito a receber dos tributos nacionais competentes remédio efetivo para os atos que violem os direitos fundamentais que lhe sejam reconhecidos pela constituição ou pela lei.

Artigo IX
Ninguém será arbitrariamente preso, detido ou exilado.

Artigo X
Toda pessoa tem direito, em plena igualdade, a uma

audiência justa e pública por parte de um tribunal independente e imparcial, para decidir de seus direitos e deveres ou do fundamento de qualquer acusação criminal contra ele.

Artigo XI

1. Toda pessoa acusada de um ato delituoso tem o direito de ser presumida inocente até que a sua culpabilidade tenha sido provada de acordo com a lei, em julgamento público no qual lhe tenham sido asseguradas todas as garantias necessárias à sua defesa.

2. Ninguém poderá ser culpado por qualquer ação ou omissão que, no momento, não constituíam delito perante o direito nacional ou internacional. Tampouco será imposta pena mais forte do que aquela que, no momento da prática, era aplicável ao ato delituoso.

Artigo XII

Ninguém será sujeito a interferências na sua vida privada, na sua família, no seu lar ou na sua correspondência, nem a ataques à sua honra e reputação. Toda pessoa tem direito à proteção da lei contra tais interferências ou ataques.

Artigo XIII

1. Toda pessoa tem direito à liberdade de locomoção e residência dentro das fronteiras de cada Estado.

2. Toda pessoa tem o direito de deixar qualquer país, inclusive o próprio, e a este regressar.

Artigo XIV

1. Toda pessoa, vítima de perseguição, tem o direito de procurar e de gozar asilo em outros países.

2. Este direito não pode ser invocado em caso de perseguição legitimamente motivada por crimes de direito comum ou por atos contrários aos propósitos e princípios das Nações Unidas.

Artigo XV

1. Toda pessoa tem direito a uma nacionalidade.
2. Ninguém será arbitrariamente privado de sua nacionalidade, nem do direito de mudar de nacionalidade.

Artigo XVI

1. Os homens e mulheres de maior idade, sem qualquer restrição de raça, nacionalidade ou religião, têm o direito de contrair matrimônio e fundar uma família. Gozam de iguais direitos em relação ao casamento, sua duração e sua dissolução.
2. O casamento não será válido senão com o livre e pleno consentimento dos nubentes.
3. A família é o núcleo natural e fundamental da sociedade e tem direito à proteção da sociedade e do Estado.

Artigo XVII

1. Toda pessoa tem direito à propriedade, só ou em sociedade com outros.
2. Ninguém será arbitrariamente privado de sua propriedade.

Artigo XVIII

Toda pessoa tem direito à liberdade de pensamento, consciência e religião; este direito inclui a liberdade de mudar de religião ou crença e a liberdade de manifestar essa religião ou crença, pelo ensino, pela prática, pelo culto e pela observância, isolada ou coletivamente, em público ou em particular.

Artigo XIX

Toda pessoa tem direito à liberdade de opinião e expressão; este direito inclui a liberdade de, sem interferência, ter opiniões e de procurar, receber e transmitir informações e idéias por quaisquer meios e independentemente de fronteiras.

Artigo XX

1. Toda pessoa tem direito à liberdade de reunião e associação pacíficas.

2. Ninguém pode ser obrigado a fazer parte de uma associação.

Artigo XXI

1. Toda pessoa tem o direito de tomar parte no governo de seu país, diretamente ou por intermédio de representantes livremente escolhidos.

2. Toda pessoa tem igual direito de acesso ao serviço público do seu país.

3. A vontade do povo será a base da autoridade do governo; esta vontade será expressa em eleições periódicas e legítimas, por sufrágio universal, por voto secreto ou processo equivalente que assegure a liberdade de voto.

Artigo XXII

Toda pessoa, como membro da sociedade, tem direito à segurança social e à realização, pelo esforço nacional, pela cooperação internacional e de acordo com a organização e recursos de cada Estado, dos direitos econômicos, sociais e culturais indispensáveis à sua dignidade e ao livre desenvolvimento da sua personalidade.

Artigo XXIII

1. Toda pessoa tem direito ao trabalho, à livre escolha de emprego, a condições justas e favoráveis de trabalho e à proteção contra o desemprego.

2. Toda pessoa, sem qualquer distinção, tem direito a igual remuneração por igual trabalho.

3. Toda pessoa que trabalhe tem direito a uma remuneração justa e satisfatória, que lhe assegure, assim como à sua família, uma existência compatível com a dignidade humana, e a que se acrescentarão, se necessário, outros meios de proteção social.

4. Toda pessoa tem direito a organizar sindicatos e neles ingressar para proteção de seus interesses.

Artigo XXIV

Toda pessoa tem direito a repouso e lazer, inclusive a limitação razoável das horas de trabalho e férias periódicas remuneradas.

Artigo XXV

1. Toda pessoa tem direito a um padrão de vida capaz de assegurar a si e a sua família saúde e bem-estar, inclusive alimentação, vestuário, habitação, cuidados médicos e os serviços sociais indispensáveis, e direito à segurança em caso de desemprego, doença, invalidez, viuvez, velhice ou outros casos de perda dos meios de subsistência fora de seu controle.

2. A maternidade e a infância têm direito a cuidados e assistência especiais. Todas as crianças, nascidas dentro

ou fora do matrimônio, gozarão da mesma proteção social.

Artigo XXVI

1. Toda pessoa tem direito à instrução. A instrução será gratuita, pelo menos nos graus elementares e fundamentais. A instrução elementar será obrigatória. A instrução técnico-profissional será acessível a todos, bem como a instrução superior, esta baseada no mérito.

2. A instrução será orientada no sentido do pleno desenvolvimento da personalidade humana e do fortalecimento do respeito pelos direitos humanos e pelas liberdades fundamentais. A instrução promoverá a compreensão, a tolerância e a amizade entre todas as nações e grupos raciais ou religiosos, e coadjuvará as atividades das Nações Unidas em prol da manutenção da paz.

3. Os pais têm prioridade de direito na escolha do gênero de instrução que será ministrada a seus filhos.

Artigo XXVII

1. Toda pessoa tem o direito de participar livremente da vida cultural da comunidade, de fruir as artes e de participar do progresso científico e de seus benefícios.

2. Toda pessoa tem direito à proteção dos interesses morais e materiais decorrentes de qualquer produção científica, literária ou artística da qual seja autor.

Artigo XVIII

Toda pessoa tem direito a uma ordem social e internacional em que os direitos e liberdades estabelecidos na presente Declaração possam ser plenamente realizados.

Artigo XXIX

1. Toda pessoa tem deveres para com a comunidade, em que o livre e pleno desenvolvimento de sua personalidade é possível.

2. No exercício de seus direitos e liberdades, toda pessoa estará sujeita apenas às limitações determinadas pela lei, exclusivamente com o fim de assegurar o devido reconhecimento e respeito dos direitos e liberdades de outrem e de satisfazer às justas exigências da moral, da ordem pública e do bem-estar de uma sociedade democrática.

3. Esses direitos e liberdades não podem, em hipótese alguma, ser exercidos contrariamente aos propósitos e princípios das Nações Unidas.

Artigo XXX

Nenhuma disposição da presente Declaração pode ser interpretada como o reconhecimento a qualquer Estado, grupo ou pessoa, do direito de exercer qualquer atividade ou praticar qualquer ato destinado à destruição de quaisquer dos direitos e liberdades aqui estabelecidos.

Segundo os artigos da Declaração, e subdividindo os direitos estabelecidos por categorias, vamos à analise desses:

Os *Direitos Pessoais* (art. 2 ao 7 e 15) são aqueles que garantem que o indivíduo não será molestado em sua dignidade física e moral, pois consagram o princípio de humanidade e respeito ao ser humano. Itens como os que proíbem a servidão ou escravidão e proíbem a tortura são importantes, pois preservam o indivíduo de qualquer forma de poder coercitivo ilegal que queira subjugá-lo. Sabemos, porém, da dificuldade em implantar plenamente esses direitos, pois nas sociedades atuais sempre há pessoas que querem privilegiar-se de sua posição social ou econômica elevada, ao inferiorizar outros ou avantajar-se de alguma situação.

Sabemos que em muitos países existe esse tipo de violação. No Brasil, há casos conhecidos de pessoas que sofrem violências físicas. Tomemos como exemplo a questão da violência policial, denunciado pela Anistia Internacional:

> Os métodos policiais empregados no Brasil refletem tanto o policiamento repressivo institucionalizado, herdado do regime militar, quanto o aumento da pressão sobre o sistema de justiça criminal para que detenha a onda de crimes urbanos violentos. Forças policiais com treinamento inadequado e recursos insuficientes, sob pressão constante para lidar com índices crescentes de criminalidade, continuam empregando métodos policiais repressivos que dependem de violações disseminadas dos direitos humanos. A tortura e os maus-tratos são substitutos de fato para técnicas de investigação profissionais e científicas na quase totalidade dos casos. (ANISTIA INTERNACIONAL, 2001, p. 18)

Com relação aos *Direitos Pessoais*, estabelece-se que ninguém será distinto por nenhum tipo de espécie, seja cor, raça, língua, entre outras. Neste item também devemos nos ater à nossa realidade social e perceber até que ponto é praticado esse princípio de reconhecimento de todos como iguais. Neste aspecto, cabe citarmos a questão da diferença salarial entre homens e mulheres, em que o homem inúmeras vezes ganha mais que a mulher pelo mesmo tipo de trabalho realizado. Ou, então, casos nos quais os brancos recebem salários mais altos que os negros:

> Os empregados negros com carteira assinada ganham 42% menos do que a média paga ao trabalhador em geral. Os classificados como pardos, 35% menos. Os de origem oriental recebem 33% mais. Os brancos, grosso modo, estão na média. Mais do que isso, os negros têm muito mais dificuldades para ocupar cargos de chefia e, mesmo quando conseguem estudar, ganham menos do que os demais. (...) Os dados mostram que em qualquer tipo de empresa os negros são discriminados. Como seria de se esperar, nas de grande porte, com mais de 500 funcionários, seus salários são mais altos: R$ 637 contra R$ 384 nas empresas menores. Mas em comparação aos demais funcionários de outras raças, ganham proporcionalmente menos nas grandes empresas. Sua renda é 40% inferior à média paga nas grandes corporações, enquanto nas empresas com até cem funcionários essa diferença cai para 31%. (*Folha de S.Paulo*, 24 de março de 2002)

Assim, os artigos da Declaração relacionados aos Direitos Pessoais ainda são violados, pois percebemos que há o preconceito como prática social.

Quanto aos *Direitos Judiciais* (art. 8 ao 12), deve haver a garantia do princípio de defesa, proteção da lei e respeito à dignidade durante um processo judicial. Esses princípios são importantes, pois visam a assegurar o Estado de Direito, dando ao cidadão a garantia da defesa contra qualquer acusação e da aplicação da justiça, ao impedir que o Estado ou mesmo a sociedade (movida pela emoção) cometam uma injustiça contra ele. Entretanto, também sabemos de casos ocorridos em nossa sociedade nos quais o princípio da defesa não foi aplicado em sua integralidade e o réu foi "considerado culpado" antes mesmo de ter sido julgado pelas instâncias jurídicas competentes. Lembramos aqui o caso da Escola Base, que foi fechada após a divulgação pela imprensa de que crianças matriculadas eram alvo de abusos sexuais.

A acusação contra a escola era infundada e o inquérito foi arquivado. Os donos da escola, Icushiro Shimada, Maria Aparecida Shimada e Maurício Monteiro de Alvarenga, entraram com ação por danos morais contra os jornais *Folha de S.Paulo* e *O Estado de S. Paulo*, as emissoras de Televisão SBT, Globo, Record, as revistas *Veja* e *IstoÉ*, e contra a Rádio e TV Bandeirantes. Em 2002, os donos da Escola Base obtiveram vitória na Segunda Turma do Superior Tribunal de Justiça, em ação contra a Fazenda de São Paulo. De acordo com a decisão, cada um dos donos deverá receber indenização de R$ 250 mil, e não de R$ 100 mil como determinou o Tribunal de Justiça de São Paulo. A decisão do STJ foi por maioria de votos (Revista *Consultor Jurídico*, 23 de janeiro de 2003).

Os *Direitos Civis*, evidenciados nos artigos 13, 18, 19 e 20, referendam a liberdade em todas as instâncias, seja de locomoção, de pensamento ou de opinião. Aqui vemos presente um dos direitos basilares que a sociedade vem reivindicando desde a Revolução Francesa e a Independência dos Estados Unidos no século XVIII: o direito inerente ao homem de poder manifestar-se livremente, sem a ingerência de nenhum poder que o obstaculize em seu direito fundamental. Sobre este aspecto, podemos lembrar a censura como uma forma de limitar esse direito, na medida em que a livre manifestação do pensamento e da opinião é cerceada. O Brasil viveu durante 21 anos sob uma ditadura militar (1964-1985) que teve como características a proibição e a perseguição dos partidários políticos de esquerda contrários ao regime, e ainda o controle e a censura das informações veiculadas pelos meios de comunicação.

O *Direito de Subsistência*, exposto no artigo 25, diz respeito à segurança que toda pessoa deve ter e que deve ser garantida legalmente. Nesse sentido, as pessoas que necessitarem de cuidados especiais, em virtude de condições derivadas de força maior, deverão ser amparadas. Esses direitos devem ser estendidos às mulheres grávidas e às crianças. É sob essa perspectiva que em muitos países as leis ditas de "seguridade social" são importantes, pois garantem direitos aos necessitados. Na Constituição Brasileira de 1988, vemos esses direitos afirmados: "São Direitos Sociais a educação, a saúde, o trabalho, o lazer, a segurança, a previdência social, a proteção à maternidade e à infância, a assistência aos desamparados, na forma desta Constituição" (Constituição da República da República Federativa do Brasil, Cap. II, Cap. II, Art. 6º).

Os *Direitos Econômicos* também são contemplados na Declaração Universal, que em seus artigos 22 a 26 garantem o direito ao trabalho e à remuneração que assegure ao menos as condições essenciais de sobrevivência, inclusive que proporcione à família o bem-estar necessário e indispensável para a plena cidadania. Esse direitos também colocam a questão da educação como fator importante para a dignidade humana, tornando-a acessível a todos. A partir da análise da realidade brasileira, percebemos que o direito ao trabalho digno e adequado ainda é cerceado na prática, pois a dificuldade de obtenção de salários dignos termina por excluir a grande massa da população do acesso à educação, à boa alimentação, ao vestuário e aos bens materiais que são almejados na sociedade capitalista. A desigualdade social também pode ser um dos fatores determinantes para alguns tipos de crime, como roubo, furto ou tráfico de drogas. É nesse sentido que devemos problematizar o acesso ao tráfico de drogas por crianças que optam por esse tipo de "emprego", pois nele a remuneração acaba por ser muito mais cobiçada do que a do emprego legalizado. Sob essa ótica, cabe aqui citar um trecho do artigo de Carlos Alberto Sardenberg:

> Eis a situação: um garoto de 15 anos, morador de uma favela numa grande cidade brasileira, que precisa levar dinheiro para casa. Suas opções: um emprego legal, entregar pizza, ou ilegal, entregar cocaína. Como tomará sua decisão?
> Entregar pizza paga menos, é claro. É da regra do jogo da vida: menor o risco, menor a paga. Mas a legalidade traz

muita recompensa. A atividade legal é, ou deveria ser, moral e socialmente mais respeitada e aceita. Além disso, tem valor um emprego certo, com carteira assinada, crachá, salário regular, férias, 13º, FGTS (...)

Já entregar cocaína é, ou deveria ser, atividade de risco máximo. No limite, o garoto pode ser morto por bandos rivais ou numa ação da polícia. O risco, digamos, normal, é o de ficar preso numa unidade da Febem. Além disso, o garoto terá vida social difícil, pois sua condição de traficante deve afastar amigos e namoradas.

Agora a realidade. A legislação brasileira, para proteger os garotos e garotas da exploração do trabalho infantil, impede que uma pizzaria contrate regularmente um menino de 15 anos. Pode admiti-lo como aprendiz, mas, para isso, a empresa precisaria estar registrada em algum programa de treinamento reconhecido pelo Ministério do Trabalho. Além disso, só é possível ser aprendiz de uma profissão reconhecida — que não é o caso de entregador de pizza ou pegador de bola em clubes de tênis.

Ou seja, na pizza, o garoto não terá carteira assinada, nem outras das garantias e vantagens do emprego legal.

Já no lado da cocaína, o risco não parece tão grande. A polícia quase não aparece por lá (periga aparecer antes a fiscalização do trabalho infantil na pizzaria), os raros meninos que vão para a Febem logo estão de volta e o grupo social respeita os garotos que pertencem a uma quadrilha organizada. O risco maior vem mesmo das brigas entre bandos rivais, mas o menino que é membro

disciplinado de um deles se sente mais seguro.
Resumo: o emprego legal não compensa, o crime talvez.
(*O Estado de S. Paulo*, 25 de fevereiro de 2002)

A análise feita por Carlos A. Sardenberg desvenda as contradições de uma sociedade na qual valoriza-se o trabalho honesto, criando-se, porém, obstáculos a ele; isso ao mesmo tempo em que se impõe a facilidade de ganho na opção pelo tráfico de drogas. Devemos repensar as necessidades dos jovens brasileiros e entender a atual dinâmica de emprego e necessidade de trabalho, para não criarmos leis que dificultem ou impeçam o direito ao trabalho honesto.

Com relação aos *Direitos Sociais e Culturais*, expostos nos artigos 26 ao 30, cabe destacar a importância de proteger o livre-arbítrio do indivíduo com relação às opções culturais de que porventura disponha. A livre expressão cultural deve ser um bem a ser preservado, bem como a participação em uma comunidade.

E, por fim, os *Direitos Políticos*, consagrados no artigo 21, versam a respeito das garantias individuais de acesso ao poder público de um país, sendo definidas também como prioritárias as eleições de cunho democrático, para que se assegure a legitimidade do governo. Lembramos aqui que em muitos países do mundo são violados os princípios de participação política, relegada a uma minoria dominante ou por meio de fraudes eleitorais. Já citamos anteriormente que o Brasil, durante 21 anos, viveu sob uma ditadura militar (1964-1985) e nesse período as eleições para cargos parlamentares foram conduzidas com a interferência dos militares, que autorizaram apenas o funcionamento de dois partidos políticos. Foi um período de perseguições políticas e de impedimento da participação efetiva e da vontade do povo. Hoje, encerrada a ditadura militar e tendo o Brasil percorrido um caminho na busca dos Direitos do Cidadão, referendado na Constituição Brasileira de 1988, podemos admitir que estamos construindo um país com direitos e liberdades individuais, apesar de muitos problemas relativos à violação dos direitos ainda serem detectados.

Sistema Internacional de Direitos Humanos: pactos e convenções

Os pactos e convenções que se seguem à Declaração Universal dos Direitos Humanos (1948) formam o Sistema Internacional de Direitos Humanos, que só pôde realmente se efetivar décadas após a Declaração. E, a partir dessas novas afirmações dos Direitos Humanos, é que o alívio e a esperança puderam ser visualizadas em várias nações do mundo.

OS PACTOS

Os dois pactos levaram mais de 20 anos para serem redigidos, como resultado das controvérsias políticas e de discussões acaloradas. Ambos foram adotados pela Assembléia Geral das Nações Unidas em 19 de dezembro de 1966, porém só puderam vigorar após dez anos, tempo necessário para que fossem ratificados por 35 países.

O Pacto Internacional sobre Direitos Econômicos, Sociais e Culturais

Esse pacto, que entrou em vigor no Brasil no dia 6 de julho de 1992, visa a garantir condições para que os homens possam gozar de seus direitos e estabelece como obrigação a luta pela promoção e observância dos direitos por ele reconhecidos. As diretrizes proclamadas levam em conta alguns pontos importantes, dentre eles, o direito à autodeterminação dos povos e a garantia de que nenhum ser humano será privado de seus meios de subsistência; do direito ao trabalho e à remuneração justa; do direito de livre associação; de um nível de vida adequado para si próprio e para sua família; de nível elevado de saúde física e mental; do direito à educação e à participação na vida cultural da comunidade.

Essas diretrizes podem ser melhor visualizadas nos artigos do próprio Pacto, cabendo destacar alguns a seguir:

> Todos os povos têm direito à autodeterminação. Em virtude desse direito, determinam livremente seu estatuto político e asseguram livremente seu desenvolvimento econômico, social e cultural.
>
> Para a consecução de seus objetivos, todos os povos podem dispor livremente de suas riquezas e de seus recursos naturais, sem prejuízo das obrigações decorrentes da coo-

peração econômica internacional, baseada no princípio do proveito mútuo, e do Direito Internacional. Em caso algum, poderá um povo ser privado de seus meios de subsistência. (Parte I, Artigo 1º, itens 1 e 2)

Os Estados Partes do Presente Pacto reconhecem o direito ao trabalho, que compreende o direito de toda pessoa de ter a possibilidade de ganhar a vida mediante um trabalho livremente escolhido ou aceito, e tomarão medidas apropriadas para salvaguarda desse direito. (Parte III, Artigo 6º, item 1)

Uma remuneração que proporcione, no mínimo, a todos os trabalhadores: um trabalho eqüitativo e uma remuneração igual por um trabalho de igual valor, sem qualquer distinção; em particular, as mulheres deverão ter a garantia de condições de trabalho não inferiores à dos homens e receber a mesma remuneração que ele por trabalho igual. (Parte III, Artigo 7º, item a)

O direito de toda pessoa de fundar com outros sindicatos e de filiar-se ao sindicato de sua escolha, sujeitando-se unicamente à organização interessada, com o objetivo de promover e de proteger seus interesses econômicos e sociais. O exercício desse direito só poderá ser objeto das restrições previstas em lei e que sejam necessárias, em uma sociedade democrática, no interesse da segurança nacional ou da ordem pública, ou para proteger os direi-

tos e as liberdades alheias. (Parte III, Artigo 8º, item 1)
Os Estados Partes do presente Pacto reconhecem o direito de toda pessoa a nível de vida adequado para si próprio e sua família, inclusive alimentação, vestimenta e moradia adequadas, assim como a uma melhoria contínua de suas condições de vida. Os Estados Partes tomarão medidas apropriadas para assegurar a consecução desse direito, reconhecendo, nesse sentido, a importância essencial da cooperação internacional fundada no livre consentimento. (Parte III, Artigo 11º, item 1)

Os Estados Partes do presente Pacto reconhecem o direito de toda pessoa à educação. Concordam em que a educação deverá visar o pleno desenvolvimento da personalidade humana e do sentido de sua dignidade e fortalecer o respeito pelos direitos humanos e liberdades fundamentais. Concordam ainda em que a educação deverá capacitar todas as pessoas efetivamente de uma sociedade livre, favorecer a compreensão, a tolerância e a amizade entre todas as nações e entre todos os grupos raciais, étnicos ou religiosos e promover as atividades das Nações Unidas em prol da manutenção da paz. (Parte III, Artigo 13º, item 1)

Esse pacto propõe, como parte das disposições, que os Estados Partes formulem relatórios sobre as medidas que tenham adotado e sobre o progresso realizado, com o objetivo de assegurar a observância dos direitos reconhecidos no Pacto. Em 1997, o Conselho Econômico e Social das Nações Unidas estabeleceu um Comitê para os Direitos Econômicos, Sociais e Culturais, composto de dezoito peritos, com a incumbência de examinar os relatórios nacionais em sessão pública.

O Pacto Internacional de Direitos Civis e Políticos

Esse pacto, também em vigor no Brasil a partir de 6 de julho de 1992, considera que, a partir do reconhecimento da dignidade inerente à pessoa humana, o homem deve ser livre no gozo das liberdades civis e políticas e liberto do temor e da miséria. Dentre os direitos nele proclamados, podemos ressaltar aqueles relacionados ao respeito e a garantias individuais, independentes de raça, cor, sexo, religião, opinião política ou de qualquer outra natureza. Segundo eles, deve-se garantir ao homem o direito à vida; à não-submissão a nenhum tipo de tratamento cruel ou degradante; a não ser escravizado nem submetido à servidão; a julgamento justo; à liberdade de movimento, de pensamento, de consciência, de religião, de opinião, de expressão, de associação; o direito à nacionalidade; direito ao casamento e constituição de família; direito de votar e tomar parte em um Governo, entre outros.

Nos artigos abaixo podemos observar a redação desses direitos:

> Os Estados Partes do presente pacto comprometem-se a assegurar a homens e mulheres igualdade no gozo de todos os direitos civis e políticos enunciados no presente pacto. (Parte II, Artigo 3º)
>
> Não se admitirá qualquer restrição ou suspensão dos di-

reitos humanos fundamentais reconhecidos ou vigentes em qualquer Estado Parte do presente pacto em virtude de leis, convenções, regulamentos ou costumes, sob pretexto de que o presente pacto não os reconheça ou os reconheça em menor grau. (Parte III, Artigo 5º, item 1)

Ninguém poderá ser submetido à tortura, nem a penas ou tratamentos cruéis, desumanos ou degradantes. Será proibido, sobretudo, submeter uma pessoa, sem seu livre consentimento, a experiências médicas ou científicas. (Parte III, Artigo 7º)

Ninguém poderá ser submetido à escravidão e ao tráfico de escravos, em todas as suas formas. (Parte III, Artigo 8º)

Toda pessoa terá direito à liberdade de expressão; esse direito incluirá a liberdade de procurar, receber e difundir informações e idéias de qualquer natureza, independentemente de considerações de fronteiras, verbalmente ou por escrito, em forma impressa ou artística, ou qualquer outro meio de sua escolha. (Parte III, Artigo 19º, item 1)

Será proibida por lei qualquer apologia do ódio nacional, radical, racial ou religioso que constitua incitamento à discriminação, à hostilidade ou à violência. (Parte III, Artigo 20º, item 2)

O Comitê dos Direitos Humanos, formado por 18 membros eleitos, é o órgão responsável pela implementação do Pacto de Direitos Civis e Políticos. Os Estados Partes do Pacto se obrigam a apresentar relatórios sobre as medidas adotadas para dar efeito aos direitos reconhecidos e observar os progressos realizados a partir deste. Os relatórios devem ser encaminhados ao Secretário-Geral das Nações Unidas, que os transmitirá ao Comitê, estando o Comitê incumbido de estudar os relatórios e transmiti-los aos Estados Partes com os comentários gerais que considerar apropriados, e de reportá-los, por sua vez, ao Conselho Econômico e Social (Artigo 40).

AS CONVENÇÕES

Com relação às Convenções redigidas após a Declaração, vamos destacar quatro, que são as mais significativas, por tratarem de temas polêmicos e que são de difícil aplicação. O Brasil é parte de todas estas Declarações. São elas: (1) Convenção contra a Discriminação Racial; (2) Convenção sobre os Direitos da Mulher; (3) Convenção contra a Tortura e (4) Convenção sobre os Direitos da Criança.

Convenção Internacional sobre a Eliminação de Todas as Formas de Discriminação Racial
Essa convenção foi adotada pelo Brasil no dia 8 de dezembro de 1969 e tem como meta a erradicação da discriminação em território brasileiro. A Convenção afirma a necessidade de

eliminar rapidamente a discriminação racial no mundo, em todas as suas formas e manifestações, além de assegurar a compreensão e o respeito à dignidade da pessoa humana. Tem como pressupostos que quaisquer doutrinas de superioridade com base em diferenças raciais são cientificamente falsas, moralmente condenáveis, socialmente injustas e perigosas e que não existe justificativa para a discriminação racial em teoria ou prática, e em lugar nenhum.

A partir desse pressuposto, a Convenção define em seu artigo primeiro o significado da expressão "discriminação racial": qualquer distinção, exclusão, restrição ou preferência baseada em raça, cor, descendência, origem nacional ou étnica que tem por objetivo ou efeito anular ou restringir o conhecimento, gozo ou exercício num mesmo plano (em igualdade de condição) de direitos humanos e liberdades fundamentais no domínio político, econômico, social, cultural ou em qualquer outro domínio (Parte I, Artigo 1).

Nessa Convenção, os Estados Partes devem condenar a discriminação racial e comprometer-se a adotar, por todos os meios apropriados, uma política de eliminação da discriminação racial em todas as suas formas e de promoção do entendimento entre todas as raças, tendo por finalidade não efetuar nenhum ato ou prática de discriminação racial contra pessoa, grupos de pessoas ou instituições. Devem também fazer com que todas as autoridades públicas, nacionais ou locais, se conformem com a obrigação de: (a) não encorajar, defender ou apoiar a discriminação racial praticada por uma pessoa ou organização qualquer; (b) adotar medidas eficazes para rever políticas governamentais ou anular qualquer dispositivo regulamentar que tenha como objetivo criar ou perpetrar a discriminação; (c) favorecer e apoiar entidades e organizações de movimentos multirraciais e outras que visem eliminar as barreiras entre as raças.

Pelo artigo terceiro, os Estados Partes condenam a segregação racial e o *apartheid* e comprometem-se a proibir e a eliminar nos territórios sob sua jurisdição todas as práticas dessa natureza. Assim, assumem como meta toda forma de condenação ao preconceito e às suas práticas, coibindo ainda toda propaganda de idéias ou teorias baseadas na superioridade de uma raça ou de um grupo de pessoas que pretenda justificar ou encorajar qualquer forma de ódio e de discriminação raciais. Em extensão ao cumprimento às regras da Declaração, o Estado Parte deve declarar como delito punível por lei qualquer forma de difusão de idéias baseadas na superioridade ou no ódio raciais; qualquer incitamento à discriminação racial ou a atos de violência ou de provocação contra determinada raça ou grupo de pessoas de outra cor ou de outra origem étnica; e qualquer assistência prestada a atividades racistas, inclusive seu financiamento.

Também, em conformidade com a Declaração, os Estados Partes comprometem-se a proibir e eliminar a discriminação racial, garantindo o gozo dos seguintes direitos:

A) Direito a um tratamento igual perante os tribunais ou qualquer outro órgão que administra justiça.

B) Direito à segurança da pessoa ou à proteção do Estado

contra violência ou lesão corporal cometida quer por funcionários do Governo quer por qualquer indivíduo, grupo ou instituição.

C) Direitos políticos, principalmente,
    i) direito de participar de eleições – de votar e ser votado – conforme o sistema de sufrágio universal e igual;
    ii) direito de tomar parte no Governo, assim como na direção dos assuntos públicos, em qualquer grau;
    iii) direito de acesso, em igualdade de condições, às funções públicas.

D) Outros direitos civis, principalmente,
    i) direito de circular livremente e de escolher residência dentro das fronteiras do Estado; direito de deixar qualquer país, inclusive o seu, e de voltar a seu país;
    ii) direito a uma nacionalidade;
    iii) direito de casar-se e escolher o cônjuge;
    iv) direito de qualquer pessoa, tanto individualmente como em conjunto, à propriedade;
    v) direito de herdar;
    vi) direito à liberdade de pensamento, de consciência e de religião;
    vii) direito à liberdade de reunião e de associação pacífica.

E) Direitos econômicos, sociais e culturais, principalmente,
    i) direitos ao trabalho, à livre escolha de seu trabalho,

a condições eqüitativas e satisfatórias de trabalho, à proteção contra o desemprego, a um salário igual para um mesmo trabalho, a uma remuneração eqüitativa e satisfatória;
ii) direito de fundar sindicatos e de a eles se afiliar;
iii) direito à habitação;
iv) direito à saúde pública, a tratamento médico, à previdência social e aos serviços sociais;
v) direito à educação e à formação profissional;
vi) direito a igual participação das atividades culturais.

F) Direito de acesso a todos os lugares e serviços destinados ao uso do público, tais como, meios de transporte, hotéis, restaurantes, cafés, espetáculos e parques. (Parte I, Artigo V)

Para o monitoramento da aplicação da Convenção, foi estabelecido um Comitê composto de 18 representantes eleitos pelos Estados Membros. Este Comitê tem por missão, além do monitoramento, a análise dos relatórios enviados pelos Estados Partes quanto às medidas legislativas, judiciárias, administrativas ou outras que tornem efetivas as disposições da Convenção. O Comitê deve anualmente submeter à Assembléia Geral da ONU um relatório de suas atividades, podendo fazer sugestões e recomendações aos Estados Partes.

Convenção sobre os Direitos Políticos da Mulher e Convenção sobre a Eliminação de Todas as Formas de Discriminação contra a Mulher

A Convenção que garante os direitos políticos da mulher foi aprovada pela ONU em 1953 e entrou em vigor no Brasil no dia 11 de novembro de 1964. A partir dos seus 11 artigos, destacamos as principais idéias:

1. Igualdade de voto entre homens e mulheres.
2. Igualdade de elegibilidade entre homens e mulheres.
3. Igualdade para ocupar todos os postos públicos e exercer todas as funções públicas estabelecidas na legislação nacional entre homens e mulheres.

A equiparação entre homens e mulheres quanto aos direitos políticos foi muito importante por fazer parte de uma linha de Declarações contra a discriminação da mulher, a qual em alguns países passou a ser inferiorizada pelo homem e, em muitos casos, até mesmo se tornou subserviente.

A partir da Convenção sobre os Direitos Políticos da Mulher, foi redigida na década de 70 outra convenção, com Direitos mais amplos – a Convenção sobre a Eliminação de Todas as Formas de Discriminação Contra a Mulher – adotada em 1979, e que entrou em vigor no Brasil em 1984.

Esta Convenção, extremamente importante, ao afirmar a igualdade entre homens e mulheres em todos os campos da vida pública e privada, considera que os Estados Partes da Convenção devem assegurar essa igualdade no gozo dos direitos econômicos, sociais, culturais, civis e políticos. Relembrando ainda que a discriminação contra a mulher viola os princípios da igualdade de direitos e do respeito à dignidade humana, esta normalização é indispensável para o desenvolvimento completo de um país, para o bem-estar do mundo e para promoção da paz.

A expressão "discriminação contra a mulher" refere-se a toda distinção, exclusão ou restrição baseada no sexo que tenha por objetivo ou resultado prejudicar ou anular o reconhecimento, gozo ou exercício de qualquer função por uma mulher, independente de seu estado civil; isso tendo como base a igualdade do homem e da mulher e de seus direitos humanos e liberdades fundamentais, nos campos político, econômico, entre outros. (Parte 1, Artigo 1)

Os Estados Partes devem condenar a discriminação contra a mulher, tendo por objetivo consagrar o princípio da igualdade e assegurar por lei e outros meios apropriados a realização desses princípios. Nesse sentido, os Estados Partes deverão tomar as medidas apropriadas para:

a) modificar os padrões socioculturais de conduta de homens e mulheres, com vista a alcançar a eliminação dos preconceitos e práticas consuetudinárias e de qualquer outra índole que estejam baseados na idéia de inferioridade com superioridade de qualquer ou em função estereotipadas de homens e mulheres; b) garantir que a educação familiar inclua uma compreensão adequada da maternidade como função social e o reconhecimento da responsabilidade comum de homens e mulheres no que diz respeito à educação e ao desenvolvimento de seus filhos, entendendo-se que o interesse dos filhos constituirá a consideração primordial em todos os casos. (Parte 1, Artigo 5)

Os países que aderirem à Convenção deverão assegurar às

mulheres os seguintes direitos:
1. Igualdade perante a lei.
2. Direitos iguais com relação à nacionalidade.
3. Igualdade de estudos, de acesso ao trabalho e à carreira profissional e de capacitação profissional.
4. Acesso igual aos serviços de saúde pública e, por extensão, ao planejamento familiar;
5. Direitos iguais concernentes ao casamento e às relações familiares, bem como de sua dissolução; além da proteção contra o casamento infantil.

Com relação ao controle da aplicação de tais desígnios, foi constituído o Comitê para Eliminação da Discriminação contra a Mulher, composto por 23 membros eleitos, que examina em sessão pública os relatórios apresentados pelos Estados acerca das medidas adotadas para a erradicação da discriminação contra a mulher.

Convenção contra a Tortura e Outros Tratamentos ou Penas Cruéis, Desumanos ou Degradantes

Essa convenção, adotada pela ONU em 1984, só entrou em vigor no Brasil em 15 de fevereiro de 1991. O termo "tortura" é definido como qualquer ato pelo qual dores ou sofrimentos agudos, físicos ou mentais, são infligidos intencionalmente a uma pessoa a fim de obter dela ou de uma terceira pessoa informações ou confissões, de castigá-la por ato cometido, de intimidar ou coagir esta pessoa ou outras pessoas, por qualquer motivo baseado em discriminação de qualquer natureza; ela também ocorre quando tais dores ou sofrimento são infligidos por um funcionário público ou outra pessoa no exercício de funções públicas, ou por sua instigação, ou com o seu consentimento ou aquiescência (Parte 1, Artigo 1).

Os Estados Partes que assinaram a Convenção comprometem-se a:

1. proibir a prática da tortura no país;
2. proibir a extradição de pessoas para países onde ocorra o risco de ser torturado;
3. cooperar com outros países no sentido de prender e extraditar os possíveis torturadores;
4. garantir educação adequada aos agentes do Estado que garantem a segurança e a ordem, para que esses não pratiquem atos de tortura;
5. Rever os métodos e técnicas de interrogatórios de pessoas detidas;
6. Investigar alegações de tortura.

Dos artigos da presente declaração cabe mencionar os seguintes:

Os crimes a que se refere o artigo 4º (crime de tortura) serão considerados como extraditáveis em qualquer tratado de extradição existente entre os Estados Partes. Os Estados Partes obrigar-se-ão a incluir tais crimes como extraditáveis em todo tratado de extradição que vierem a concluir entre si. (Parte 1, Artigo 8º)

Cada Estado assegurará que o ensino e a informação sobre a proibição de tortura sejam plenamente incorporados no treinamento do pessoal civil ou militar encarregado da aplicação da lei, do pessoal médico, dos funcionários públicos e de quaisquer outras pessoas que possam participar da custódia, interrogatório ou tratamento de qualquer pessoa submetida a qualquer forma de prisão, detenção ou reclusão. (Parte 1, Artigo 10º)

Cada Estado Parte manterá sistematicamente sob exame as normas, instruções, métodos e práticas de interrogatório, bem como as disposições sobre a custódia e o tratamento das pessoas submetidas, em qualquer território sob sua jurisdição, a qualquer forma de prisão, detenção ou reclusão, com vistas a evitar qualquer caso de tortura. (Parte 1, Artigo 11º)

Cada Estado Parte assegurará que suas autoridades competentes procederão imediatamente a uma investigação imparcial sempre que houver motivos razoáveis para crer que um ato de tortura tenha sido cometido em qualquer território sob sua jurisdição. (Parte 1, Artigo 12º)

Cada Estado Parte assegurará, em seu sistema jurídico, à vítima de um ato de tortura o direito à reparação e a uma indenização justa e adequada, incluídos os meios necessários para a mais completa reabilitação possível. Em caso de morte da vítima como resultado de um ato de tortura, seus dependentes terão direito à indenização. (Parte 1, Artigo 14º)

Para o monitoramento da aplicação dos dispositivos da

Convenção contra a Tortura, foi constituído um Comitê composto por dez pessoas, de reconhecida competência em matéria de Direitos Humanos, eleitas pelos Estados membros. Das Convenções internacionais assinadas pelo Brasil esta é a mais violada em nosso país, segundo os vários relatórios de entidades internacionais que monitoram os Direitos Humanos. Dentre essas entidades, está a Anistia Internacional, responsável pela elaboração de relatórios acerca das condições de tratamento e assistência aos encarcerados no Brasil.

Convenção sobre os Direitos da Criança
Adotada em 1989 pela ONU e em vigor no Brasil desde 20 de setembro de 1990, esta convenção tem por objetivo proteger a criança de todas as formas de discriminação e assegurar-lhe proteção e assistência necessárias para que possa assumir plenamente suas responsabilidades na comunidade.

O documento reconhece que a criança deve crescer em um ambiente familiar, com felicidade, harmonia e compreensão para que possa desenvolver-se plenamente. A convenção define a "criança" como sendo todo ser humano menor de 18 anos, salvo se, em conformidade com a lei aplicável à criança, a maioridade seja alcançada antes.

Segundo a Convenção, os Estados Membros devem tomar todas as medidas apropriadas para assegurar a criança a proteção contra todas as formas de discriminação ou punição baseadas em opiniões ou crenças; deverão respeitar as responsabilidades, os direitos e os deveres dos pais ou familiares ou da comunidade, conforme os costumes locais, de orientar e

instruir a criança para o exercício dos direitos fundamentais.
São afirmados no decorrer do documento os seguinte direitos inerentes à criança:

1. Toda criança tem o direito inerente à vida.
2. Direito ao registro imediatamente após o nascimento, direito a um nome e uma nacionalidade.
3. Direito de exprimir suas opiniões livremente sobre todas as matérias atinentes à criança.
4. Liberdade de expressão.
5. Liberdade de pensamento, de consciência e de crença.
6. Garantia de assistência apropriada aos pais ou representantes legais visando à educação e ao desenvolvimento da criança.
7. Proteção contra todas as formas de violência física ou mental.
8. Direito à adoção, garantido por lei.
9. Garantia à criança portadora de deficiências físicas ou mentais de condições adequadas para a sua dignidade e participação ativa na comunidade.
10. Garantia ao usufruto da Previdência Social.
11. Garantia à educação.
12. Reconhecimento do direito de descanso, divertimento, lazer e participação ativa na vida cultural e artística da comunidade.
13. Proteção contra a exploração do trabalho.
14. Impedimento de que seja incentivada ou coagida à atividade sexual.

15. Garantia de que nenhuma criança será submetida à tortura nem a tratamentos cruéis, desumanos e degradantes.
16. Garantia de que a criança não será privada de sua liberdade.

Dentre os vários artigos da Declaração, vamos expor abaixo dois deles, significativos na defesa da criança. Trata-se do artigo 24, que assegura a saúde da criança, e do artigo 28, que versa a respeito da educação infantil:

> Os Estados Membros reconhecem o direito da criança de gozar do melhor padrão possível de saúde e dos serviços destinados ao tratamento das doenças e à recuperação da saúde. Os Estados membros envidarão esforços no sentido de assegurar que nenhuma criança se veja privada de seu direito de usufruir desses serviços sanitários.
>
> Os Estados Membros garantirão a plena aplicação desse direito e, em especial, adotarão as medidas apropriadas com vista a:
>
> a) reduzir a mortalidade infantil;
>
> b) assegurar a prestação de assistência médica e cuidados sanitários necessários a todas as crianças, dando ênfase aos cuidados básicos de saúde;
>
> c) combater as doenças e a desnutrição, dentro do contexto dos cuidados básicos de saúde, mediante a aplicação de tecnologia disponível e o fornecimento de alimentos nutritivos e de água potável, tendo em

vista os perigos e riscos da poluição ambiental;
d) assegurar às mães adequada assistência pré-natal e pós-natal;
e) assegurar que todos os setores da sociedade, e em especial os pais e as crianças, conheçam os princípios básicos de saúde e nutrição das crianças, as vantagens da amamentação, da higiene e do saneamento ambiental e das medidas de prevenção de acidentes, e tenham acesso à educação pertinente e recebam apoio para aplicação desses conhecimentos;
f) desenvolver a assistência médica preventiva, a orientação dos pais e a educação e serviços de planejamento familiar. (Parte 1, Artigo 24)

Os Estados Membros reconhecem o direito da criança à educação e, a fim de que ela possa exercer progressivamente e em igualdade de condições esse direito, deverão especialmente:
a) tornar o ensino primário obrigatório e disponível gratuitamente;
b) estimular o desenvolvimento do ensino secundário em suas diferentes formas, inclusive o ensino geral e profissionalizante, tornando-o disponível e acessível a todas as crianças, e adotar medidas apropriadas, tais como a implantação do ensino gratuito e a concessão de assistência financeira em caso de necessidade;
c) tornar o ensino superior acessível a todos, com base na capacidade, e por todos os meios adequados;

d) tornar a informação e a orientação educacionais e profissionais disponíveis e acessíveis a todas as crianças;
e) adotar medidas para estimular a freqüência regular às escolas e a redução do índice de evasão escolar. (Parte 1, Artigo 28)

Com relação aos direitos derivados da saúde, observados no artigo 24, percebemos que o Legislador teve uma atenção especial ao verificar que a criança, como dependente de outrem, necessita de assistência e que esta deve ser completa, inclusive quando cita o atendimento à mãe no pós-natal. A higiene e o saneamento ambiental são pontos citados no artigo e dizem respeito à salubridade e à limpeza, que devem fazer parte do ambiente doméstico. Já o artigo 28, sobre a educação infantil, visa a garantir a educação fundamental e dar acesso, de acordo com as necessidades, à educação média ou universitária. Aqui também é importante observarmos a importância consagrada ao item relativo à profissionalização, que em muitos países é extremamente importante, pois pode inserir a criança no ambiente de trabalho, desde que regulado por lei do próprio país.

A forma de fiscalização dessa Convenção fica a cargo de um Comitê integrado por dez membros eleitos pelos países signatários da Convenção, que têm como prerrogativa a redação de relatórios sobre as medidas adotadas pelos países no sentido de tornar efetivo os artigos da Convenção, bem como o reconhecimento aos países que tiverem progressos e avanços na aplicação desses direitos.

IMAGENS-SÍMBOLO

Quando invocamos os direitos humanos em defesa de uma causa, de um indivíduo ou de uma comunidade, muitas imagens nos vêem à mente: as positivas sugerem esperanças, as negativas atentam para as dificuldades que o homem tem em lidar com as diferenças. Para o caso de elegermos uma imagem-símbolo que expresse o real significado do dia 10 de dezembro de 1948 – data em que foi votada a Declaração Universal dos Direitos Humanos – duas fotografias merecem aqui ser resgatadas: a da Reunião da Assembléia Geral das Nações Unidas, em 10 de janeiro de 1946; e a de Eleonora Roosevelt, em 1948.

A primeira simboliza o momento em que estava sendo proposta a redação da Declaração dos Direitos Humanos; a segunda expressa a materialização deste projeto votado três anos após a criação da ONU, em 1945, e que exigiu a instalação de instâncias deliberativas e a criação de uma consciência coletiva com relação aos Direitos. Ambas as imagens têm em comum um significado histórico com o qual interagem os direitos imperativos de liberdade, igualdade, projetos de vida, aspirações e desejos do homem.

Assembléia das Nações Unidas, 1946

Eleonora Roosevelt, 1948

64 Rupturas

A fotografia de Eleonora Roosevelt, esposa do presidente norte-americano Franklin Roosevelt, veiculada pela imprensa mundial imediatamente após a aprovação da Declaração Universal dos Direitos Humanos pela Assembléia da Organização das Nações Unidas em 1948, expressa um momento singular na história da Humanidade: o do reconhecimento oficial dos direitos "humanos" assumidos como limites para a barbárie praticada por homens (desumanos), em todas as suas expressões. Enquanto documento histórico, essa fotografia não expressa a real dimensão do fato, que representa uma das mais importantes conquistas do homem do século XX que, agora, deve corresponder a uma cultura de tolerância. O cenário – sem qualquer elemento de identificação com o espaço onde ocorreu a votação, ou seja, a Assembléia da ONU – carece de ação e pouco corresponde ao brilho exigido pelo ato.

O gesto de Eleonora Roosevelt "mostrando ao mundo" o texto impresso da Declaração assume um significado político que extrapola o apelo por novos vínculos de solidariedade. Sua figura singular de Primeira Dama resgata para os Estados Unidos da América a imagem de Nação-líder dos países que buscam uma certa ordem na "desordem" mundial. Enquanto personalidade que mais ativamente participou da elaboração da Declaração Universal dos Direitos Humanos, Eleonora representa aqui o ícone feminino da luta pela efetivação desses direitos.

Essas fotos – se cruzadas com outras tantas imagens da nossa atualidade – representam uma memória um tanto quanto "distante" e nos induzem a questionar a eficácia da Declaração. Sob essa perspectiva, as imagens que retemos em nossa memória não são imagens tão utópicas como as descritas anteriormente; muito ao contrário, as imagens que presenciamos neste início do terceiro milênio são de dor, humilhação, violência e de desrespeito aos direitos fundamentais e elementares, seja ele de origem racial, sexual, religiosa, ou de qualquer outro tipo que esteja presente em nosso cotidiano.

Cenas de civis feridos – principalmente crianças – são recorrentes nos conflitos generalizados ocorridos nos últimos 20 anos, em vários países. Cabe destacar que a ONU – seja como Força de Intervenção ou como Força de Paz – atuou no Haiti, Timor Leste, Iraque, Bósnia, Afeganistão, Somália, Ruanda, Uganda, Moçambique, Equador, entre outros países. A participação da ONU nesses conflitos foi de extrema importância, pois em muitas situações impediu a morte de parte da população, principalmente nos conflitos de origem étnica.

Os protestos espontâneos em várias partes do mundo podem ser considerados ícones atuais da luta em defesa dos direitos humanos e das campanhas contra a guerra empreendida pelos Estados Unidos da América que têm hoje o terrorismo como seu inimigo principal. A política intervencionista norte-americana e a expansão de sua ideologia antiterror pode significar nos próximos anos a ampliação das violações de direitos humanos. Ao justificar uma guerra ou invasão em prol de uma doutrinação política, as garantias individuais dos cidadãos passam para um segundo plano, como podemos relembrar nas fotos veiculadas pela mídia internacional que registraram a tortura de presos iraquianos sob custódia do exército norte-americano. Interpretada como a imagem-símbolo da tortura contra prisioneiros de guerra no Iraque, esta imagem acarretou manifestações de vários países contra esse tipo de violação, inclusive contra a presença das forças militares norte-americanas no Iraque. A violação dos Direitos Humanos é, assim, uma constante não só no Brasil, regularmente denunciado como infrator, apesar das convenções e tratados que definem como inalienáveis os direitos auferidos ao Homem. Estas imagens demonstram, diariamente, o rompimento dos pactos e das convenções estabelecidas em prol do Direitos Humanos. Expressam, nas entrelinhas, o retorno da (des)razão, da prática dos poderes selvagens "que difamam, empobrecem e aterrorizam numa demonstração de que ser humano nem sempre corresponde a ter humanidade" (ARRUDA JR; GONÇALVES, 2004, p.7).

CONSIDERAÇÕES FINAIS

Além da Declaração Universal e de outros documentos constitutivos da solidificação do ideário dos Direitos Humanos no mundo, outras convenções foram adotadas no decorrer do século XX. Ao todo existem em torno de setenta convenções que afirmam o direito inerente ao homem e que estabelecem procedimentos para que haja controle de sua efetivação. Mesmo conscientes de que devemos seguir certas normalizações com relação à garantia da dignidade de todos os seres humanos, ainda assim tememos aplicar essas garantias legais.

Freqüentemente ouvimos a pergunta: "Para que servem os Direitos Humanos?" Servem justamente para garantir a dignidade do homem e têm como meta o controle dos países para que as garantias sejam efetivadas. Não existe um único Direito Humano – eles são múltiplos e procuram contemplar todos os indivíduos, segmentos sociais, étnicos, culturais, raciais e etários. Eles são importantes justamente por pretenderem proteger aqueles que mais necessitam de proteção. Reclamados há séculos, constituem uma ordem num mundo ainda desordenado e injusto; concebidos no século XVIII, orientaram as sociedades a buscar um mínimo de direitos que, ao longo do tempo, foram se solidificando e ganhando contorno concreto, atendendo às demandas daqueles que se sentiam oprimidos. Hoje, representam – em parte – a vitória do homem sobre as injustiças.

Os Direitos Humanos constituem um ideal comum; seguem um sistema de valores inerentes ao ser humano, no sentido de criarem um mundo livre das arbitrariedades. Esse sistema de valores é derivado da necessidade que cada sociedade tem de atender a seu povo. Assim, devemos pensar também os Direitos Humanos a partir de um mundo multiculturalista, no qual cada sociedade tende a se adequar a seus valores mais próximos.

Também não podemos ser míopes a ponto de afirmar que todas as culturas pressupõem uma única visão de mundo ou que todos os países devem seguir as convenções de igual forma: cada cultura, como foi dito, comporta padrões de comportamento e formas de assimilação e valores intrínsecos, o que denota interpretações diferentes; como disse certa vez Ruth Benedict:

"A cultura é como uma lente através da qual o homem vê o mundo. Homens de culturas diferentes usam lentes diversas e, portanto, têm visões desencontradas das coisas."
(BENEDICT apud LARAIA, 1997, p. 69)

A partir dessa ótica de assimilação cultural podemos citar a *Declaração Islâmica Universal dos Direitos Humanos*, de 19 de setembro de 1981, documento fundamental proclamado pelo Conselho Islâmico para marcar o início do 15º século da Era Islâmica. Baseando-se no *Alcorão* e na *Sunnah*, livros sagrados do islamismo, esse documento foi compilado por eminentes estudiosos, juristas e representantes do pensamento muçulmano. Versa sobre a aplicação dos Direitos Humanos, garantindo a vida, a liberdade, a igualdade, o direito à justiça e a julgamento justo, o direito de proteção contra o abuso de poder, à proteção contra a tortura, à proteção da honra e da reputação, à proibição contra a discriminação ilícita, o direito de asilo, os direitos das minorias, a liberdade de crença, pensamento e expressão, os direitos econômicos, os direitos de proteção da propriedade, à dignidade dos trabalhadores e à seguridade social, o direito à educação, o direito à privacidade, o direito à família, à liberdade de movimento e de moradia, entre outros.

Dessa forma, a implantação dos Direitos Humanos, antes de ser utópica, podem vir a constituir-se (no futuro) em um elemento real, desde que haja a vontade dos países em adotá-los como projeto de vida.

BIBLIOGRAFIA

Livros:

ANISTIA INTERNACIONAL. *Torturas e maus-tratos no Brasil*. Brasil: Anistia Internacional, 2001.

BOBBIO, N; MATTEUCCI, N; PASQUINO, G. *Dicionário de política*. 4. ed. Brasília: Edunb, 1992, p. 353-355.

AMARAL JUNIOR, Alberto; PERRONE-MOISÉS, Cláudia (Orgs.) *O cinqüentenário da Declaração Universal dos Direitos do Homem*. São Paulo: Edusp/Fapesp, 1999.

ARENDT, Hannah. *A condição humana*. Rio de Janeiro: Forense Universitária, 1991.

ARRUDA JR., Edmundo; GONÇALVES, Marcus Fabiano. Direito: *Ordem e Desordem. Eficácia dos Direitos Humanos e Globalzação*. Florianópolis: IDA, 2004.

BARRETO, Djalma. *Violência, arquétipo e lei*. Petrópolis: Vozes, 1975.

BECCARIA, Cesare. *Dos delitos e das penas*. Rio de Janeiro: Tecnoprint, 1986. (Coleção Universidade)

CARNEIRO, Maria Luiza Tucci. *Holocausto. Crime contra a Humanidade*. São Paulo: Ática, 2000 (Coleção História em Movimento).

_____, "A era nazi e o anti-semitismo" in: PINSKY, Jaime e PINSKY, Carla Bassanezi. *Faces do fanatismo*. São Paulo: Contexto, 2004, pp. 102-133

FOUCAULT, Michel. *Vigiar e punir*. Rio de Janeiro: Vozes, 1988.

FRAGOSO, Heleno et all. *O direito dos presos*. Rio de Janeiro: Forense Universitária, 1980.

LAFER, Celso. *A reconstrução dos direitos humanos*. São Paulo: Companhia das Letras, 1988.

FARIA, José Eduardo. *Direitos humanos, direitos sociais e justiça*. São Paulo: Malheiro, 2002.

IKEDA, Daisaku; ATHAIDE, Austregésilo de. *Diálogo – direitos humanos do século XXI*. Rio de Janeiro: Record, 2000.

LARAIA, Roque de Barros. *Cultura. Um conceito antropológico*. 11ª ed. Rio de Janeiro: Jorge Zahar, 1997.

LINDGREN ALVES, J. A. *Os direitos humanos como tema global*. São Paulo: Perspectiva, 1994. (Série Estudos).

MARQUES, João B. de Azevedo. *Democracia, violência e direitos humanos*. São Paulo: Cortez, 1981.

MOORE JR., Barrington. *Injustiça: as bases sociais da obediência e da revolta*. São Paulo: Brasiliense, 1987.

MORAES, Alexandre de. *Direitos humanos fundamentais*. São Paulo: Atlas, 2003.

PERRY, Marvin et all. *Civilização ocidental. Uma história concisa*. São Paulo: Martins Fontes, 1985.

PETERS, Eduard. *Tortura*. São Paulo: Ática, 1989.

SANTOS, Cleber Mesquita. *Direitos humanos, o Brasil e o desafio de um povo*. São Paulo: 1998.

SILVA, Marcos Guimarães da Rocha e. *Direitos humanos no Brasil e no mundo*. São Paulo: Método, 2002.

SOARES, Tiago de Castilho. *Individualismo e Direito. Condições simbólicas de eficácia dos Direitos Humanos*. Florianópolis: IDA, 2004.

SOUSA SANTOS, Boaventura (org.) *Reconhecer para libertar: os caminhos do cosmopolitismo cultural*. Rio de Janeiro: Civilização Brasileira, 2003.

TOYNBEE, A; BRYCE, J. *Atrocidades turcas na Armênia*. São Paulo: Paz e Terra, 2003.

WEIL, Simone. *A condição operária e outros estudos sobre a opressão*. Rio de Janeiro: Paz e Terra, 1979.

WESCHLER, Lawrence. *Um milagre, um Universo*. São Paulo: Companhia das Letras, 1990.

ZALUAR, Alba; Alvito, Marcos (org.) *Um século de favela*. Rio de Janeiro: Fundação Getúlio Vargas, 1998.

Sites da Internet:
www.dhnet.org.br
www.mj.gov.br/spdh/gpdh/
www.idh.org.br
www.un.org
www.cidh.oas.org
www.hrw.org/portuguese/

GLOSSÁRIO

Apartheid: designação da política oficial do governo da África do Sul, a partir de 1948 até a década de 90, no que diz respeito aos direitos sociais e políticos e às relações entre os diversos grupos raciais dentro do país. O *apartheid* não pode ser traduzido unicamente por "racismo", pois foi um modelo político que correspondeu à limitação dos direitos de certos grupos raciais.

Contratualismo: doutrina segundo a qual existe uma contraposição entre estado de natureza e sociedade civil, partindo do princípio de que no estado de natureza os indivíduos desfrutavam de uma liberdade e de uma igualdade ilimitada. A sociedade civil teria sido o resultado de um acordo livre e voluntário dos próprios indivíduos, com o objetivo de instituir um poder comum, que teria a função de garantir a liberdade.

Inalienável: que não se pode dar, vender ou ceder; indisponível.

Jusnaturalismo: doutrina segundo a qual existe e pode ser conhecido um "direito natural", ou seja, um sistema de normas de conduta intersubjetiva, diverso do sistema constituído pelas normas fixadas pelo Estado (Direito Positivo). Este direito natural tem validade em si, é anterior e superior ao Direito Positivo e, em caso de conflito, é ele que deve prevalecer.

Ratificado: algo que foi validado, autenticado ou confirmado.

SOBRE A AUTORA

Bacharel em História, Mestre e Doutora em História Social pela Faculdade de Filosofia, Letras e Ciências Humanas da Universidade de São Paulo. Pesquisadora do LEI – Laboratório de Estudos sobre a Intolerância da Universidade de São Paulo e do PROIN – Projeto Integrado Arquivo do Estado/Universidade. Professora universitária e autora das seguintes obras: *Violência e cidadania no Brasil* (São Paulo, Ática, 1999); *Os signos da opressão: história e violência nas prisões brasileiras* (São Paulo, Imesp/Arquivo do Estado, 2003); *Estado autoritário e violência policial no Brasil* (São Paulo, Humanitas, no prelo).

Atualmente é professora universitária em instituições de ensino particular em São Paulo, onde além da docência desenvolve pesquisa sobre violações aos direitos fundamentais da imagem, censura e imprensa no Brasil; trabalha com o ensino à distância, sendo também autora de várias disciplinas para a Internet.

O LEI – **Laboratório de Estudos sobre a Intolerância** é um núcleo de pesquisa e documentação aberto a todas as raças e credos. Fundado em novembro de 2002 junto à Universidade de São Paulo sob a inspiração de Anita Novinsky, sua atual presidente, o LEI agrega pesquisadores nacionais e internacionais vinculados por meio de projetos de pesquisas individuais e coletivos. Tem como objetivo incentivar pesquisas e debates que permitam uma outra forma de relacionamento entre os homens pautada pela Tolerância. Além de novos conhecimentos, se propõe a produzir materiais de cunho pedagógico para sistemas educacionais a serem difundidos através do seu museu-escola, o futuro Museu da Tolerância, com sede própria no campus da Cidade Universitária.

A idéia do Laboratório de Estudos sobre a Intolerância e a criação do Museu da Tolerância no Brasil vieram da conscientização de que a doutrinação do ódio e a exclusão do "Outro" ameaçam a sobrevivência da própria humanidade. Um ideal comum nos une: lutar pela paz e pelos direitos humanos, na defesa de uma convivência pacífica entre os povos. Na luta pela dignidade humana, pela construção de um mundo mais justo, mais próspero e mais humano se empenham os pesquisadores do LEI e os fundadores do Museu da Tolerância na cidade de São Paulo.

Saiba mais sobre o LEI: www.lei.fflch.usp.br

obra executada nas oficinas do
INSTITUTO BRASILEIRO DE EDIÇÕES PEDAGÓGICAS
Av. Alexandre Mackenzie, 619 - Jaguaré - SP - CEP 05322-000
Tel.: (11) 6099 7799 (PABX) - Caixa Postal 66.201 - São Paulo - Brasil
editoras@ibep-nacional.com.br